高校网络思政教育平台的
构建及其应用研究

韩晨泽◎著

辽宁人民出版社

图书在版编目(CIP)数据

高校网络思政教育平台的构建及其应用研究 / 韩晨泽著. — 沈阳:辽宁人民出版社,2022.10
ISBN 978-7-205-10576-1

Ⅰ.①高… Ⅱ.①韩… Ⅲ.①互联网络 – 应用 – 高等学校 – 思想政治教育 – 研究 – 中国 Ⅳ.①G641-39

中国版本图书馆 CIP 数据核字(2022)第 209755 号

出版发行:辽宁人民出版社
　　　　地址:沈阳市和平区十一纬路25号　邮编:110003
　　　　电话:024-23284321(邮　购)　024-23284324(发行部)
　　　　传真:024-23284191(发行部)　024-23284304(办公室)
　　　　http://www.lnpph.com.cn
印　　刷:辽宁新华印务有限公司
幅面尺寸:170mm×240mm
印　　张:13.25
字　　数:200千字
出版时间:2022年10月第1版
印刷时间:2022年10月第1次印刷
责任编辑:张天恒　王晓筱
装帧设计:中知图印务
责任校对:吴艳杰
书　　号:ISBN 978-7-205-10576-1
定　　价:58.00元

前　言
·Preface·

　　21世纪是一个网络的时代。在这个时代中,信息与信息的交流、获取和利用,已成为个人与社会发展、经济增长与社会进步的基本要素,并进一步推动着网络技术的发展。互联网的兴起与蓬勃发展,不仅带来了信息传播技术的根本性变革,而且强烈地改变了人们的生产方式、生活方式、思维方式与语言方式,对社会生活的各个领域和人自身的生存与发展,产生了广泛而深刻的影响。

　　我国网络信息技术迅猛发展,其影响力逐步超出了技术与工具的范畴,渗透到人类的思想文化领域,成为新思想产生的信息来源、旧思想转变的重要推力。在这一过程中,嗅觉敏锐的思想政治教育理论与实践工作者,从中看到了网络所蕴藏的巨大潜力,从20世纪90年代中期开始,便有学者倡导要发挥网络在思想政治教育中的作用,开启了网络与思想政治教育相结合的先河。进入21世纪,伴随着网络技术的进一步发展及互联网普及率的快速提升,其双刃剑效应日趋显现,学者们对互联网的认识趋于理性,对网络与思想政治教育相结合的相关研究,也不再局限于探讨如何发挥网络的思想政治教育功能,而是以实践为依据,在更为广阔的视野下,探索更加深刻的理论问题,从而开拓了思想政治教育学的新视野,网络思想政治教育学应运而生。

目前,网络思想政治教育处于快速发展的阶段,高校网络思想政治教育的作用也越发突出,通过网络开展思想政治教育,受到社会的广泛关注,加强高校网络思想政治教育、构建高校网络思想政治教育平台,开辟网络思想政治教育的新路径与新方法是适应高校教学改革的需要,是符合网络发展趋势的需要,是培养高素质大学生的需要。

在高校构建网络思想政治教育平台,是现代教育改革要求下必须做出的改变。高校网络思想政治教育平台的建立将能满足学生、高校、家长三位一体的思想政治教育的需求,促进思想政治教育的有力开展,也能使高校思想政治教育内容更为丰富,形式更为多样,影响力度更为广泛。因此,高校要重视网络思想政治教育,主动构建网络思想政治教育平台,抓住机遇,迎接挑战,促进高校思想政治教育现代化的发展。

目 录
· Contents ·

第一章 绪 论

第一节 网络的发展及网络社会的兴起

一、网络的发展

(一)互联网的起源和发展

1961 年,美国麻省理工学院的伦纳德·克兰罗克博士发表了分组交换技术的论文,该技术后来成为互联网的标准通信方式。从这以后,主要基于主机架构的低速串行连接,提供应用程序运行、远程打印和数据服务功能的计算机网络,在 20 世纪 60 年代逐渐兴起。

1969 年,美国国防部为了开发能够抵抗核打击的计算机网络,资助建立了一个基于分组交换的网络,名为 ARPANET,就是今天互联网(Internet)的最早雏形。

1971 年,位于英国剑桥的 BBN 科技公司工程师雷·汤姆林森(Ray Tomlinson)开发出电子邮件。此后,ARPANET 技术开始向大学等研究机构普及。

1973 年,TCP(传输控制协议)正式投入使用;1981 年,IP(互联网协议)投入使用;1983 年,TCP/IP 协议正式被集成于美国加州大学伯克利分校的 UNIX 版本中,该网络版适应了当时各大学、机关、企业强烈的网络需求。随着免费发放的 UNIX 操作系统的广泛使用,TCP/IP 协议得到了极大的推广。同年,ARPANET 宣布将把过去的通信协议 NCP(网络控制协议)向新协议 TCP/IP(传输控制协议/互联网协议)过渡。随着越来越多厂家的加入和支持,TCP/IP 协议成为将大大小小分散于各地的网络连接起来的纽带。伴随着这个当今世界上规模最大、用户最多的互联网络的成长壮大,TCP/IP协议也就成为既定事实上的世界标准,IP网络逐渐成为当代乃至未来计算机网络的主流。

1988年,美国伊利诺伊大学学生史蒂夫·多那(Steve Dormer)开始开发电子邮件软件Eudora。1991年,CERN(欧洲粒子物理研究所)的科学家提姆·伯纳斯李开发出了万维网(World Wide Web)以及极其简单的网络浏览器(浏览软件)。此后互联网开始向社会大众普及。1993年,伊利诺伊大学美国国家超级计算机应用中心的学生马克·安德里森等人开发出了真正的浏览器Mosaic,该软件后来被作为Netscape Navigator推向市场。此后互联网开始得以爆炸性普及。

根据马克·安德里森统计资料,到2015年12月,全球互联网用户总数已经超过34亿,占全部人口总数的一半。从增长率来看,自2000年至今,全球互联网用户增长很快,平均增长率高达180%,亚洲互联网的用户增长率超过了平均水平,达到250%。截至2016年1月,中国网民人数已经达到6.88亿,位居世界第一。

互联网从起源到现在短短几十年,已经从一个学术和军事的专用网络演变为全球重要的信息基础设施,渗透到政治、经济、贸易、文化、媒体、教育等各个社会领域并产生巨大的影响。互联网提高了社会的运转效率和生产力水平,给人们的工作、生活带来极大的便利,已经成为人类社会必不可少的组成部分,成为人们生活中不可或缺的工具。可能在你一眨眼的刹那,就有上百人登录MSN;可能在你唱一首歌的时间,就有上千人通过互联网买了自己看中很久的好东西;可能在你抽一支烟的工夫,就有上万人在BBS上灌了水,而且这些数字还在不断地增长。

根据中国互联网络信息中心的统计报告,截至2021年12月,中国网民规模达10.32亿,较2020年12月增长4296万,互联网普及率达73.0%。互联网对个人生活方式的影响进一步深化,从基于信息获取和沟通娱乐需求的个性化应用,发展到与医疗、教育、交通等公用服务深度融合的民生服务。未来,在云计算、物联网等应用的带动下,互联网将推动农业、现代制造业和生产服务业的转型升级。

联合国前秘书长科菲·安南给予互联网极高的评价:"互联网问世时

间不长,但已成为促成巨大甚至革命性变化的动因,也许是当今推动进步的最重要工具之一,在促进和捍卫自由、提供信息和知识方面具有无比优越性。"①

(二)互联网特征

互联网之所以对人类社会产生如此巨大的影响,是因为它创造了一个比过去任何一个公共领域都庞大的虚拟公共空间(Cyber Space)和虚拟生存方式,使人们可以在信息化、数字化的虚拟空间中体验人生、创造自我、沟通未来。和现实空间相比,互联网这一虚拟空间有以下一些特征。

1.虚拟性

互联网创造了一个虚拟的网络空间,虚拟性是它的最本质特征。虚拟空间是通过网络连接全球计算机,综合现代各种先进技术,利用数字化方式生成的一个逼真的数字化的三维感知世界。网民可以隐藏现实中的自我,而以一种完全不同的虚拟形象出现在网上。在虚拟网络生活中,网络参与者借助网络可以自由地进行信息交流、商务活动与技术合作等,他们可以以真实身份或虚拟身份出入,形成了一个新的虚拟世界,扩充了人类的生存和生活方式,使人类有了一种以往从未体验过的新生活模式。这种虚拟世界跨越了现实时空界限,大大拓展了人类交往与实践的范围,丰富了人们的生活,增加了人们的主体意识,扩张了人类的心智思维,张扬了人类的个性,使人类的语言符号文明进入更高的数字化文明时代。

2.开放性

开放性是互联网的最大魅力所在,也是互联网力量的源泉,它是互联网这个令人惊叹的复杂系统能够运行得如此之好的根本原因。互联网是一个开放的网络空间。互联网最基本的TCP/IP协议就具有开放性,它独立于特定的计算机硬件及操作系统,可以免费使用。互联网上每个网页的内容都是开放的,任何人都可以浏览,它是非专有的公共领域。正如互联网的前辈之一戴维·克拉克所说:"我们不要国王、总统和投票表决。我们相信意见的大体一致和运行的编码。"

---

① 何哲. 网络社会时代的挑战、适应与治理转型[M]. 北京:国家行政学院出版社,2016:20-22.

3. 交互性

互联网不同于以往的媒体。以往的媒体是单向的,如广播就是一对多的单向传播形式。互联网真正打破了单一或分离的"主体—客体"和"主体—主体"单向的交流形式,形成了相互对话、交流、反馈的网际关系,如现在风行的BBS就是典型的多对多的交流形式。我们每一个上网的人都不再是单纯的主体或客体,而是处于一种交互的环境界面中,参与者既可以是某一信息的发布者,同时又可以是他人信息的接收者;既可以对某一信息进行反馈、评价,又可以选择一些认为有用的信息,而摒弃无关的信息。

4. 公共性

公共性也称为"去中心化",这是互联网的主要价值所在。互联网具有"全体共同的地位",它几乎使现代世界每个角落的人们都可以进行直接交流与沟通,使世界成为一个名副其实的"地球村"。互联网成为人人享有、人人参与的全球公共空间。尽管人们地位、身份、财力各不相同,但在互联网上,都可以进行平等的思想交流,都可以共享网络资源。互联网是唯一真正把机会均等作为规则的空间。互联网没有形式上的权力,没有一个人或组织能说"我们怎么说,它就怎么做",但并不意味着互联网上没有权威,只不过,这个人或组织要得到权威,并不是靠一个人或机构说了算,而是要靠全体公众网民的最终承认。

5. 兼容性

互联网具有巨大的兼容性。在互联网世界里,历史与现在、理想与现实交集在一起,当然真实与虚假、伪装与坦诚、正直与邪恶、善良与恶毒等也都在网上共存。

6. 创造性

人类运用智慧构造了互联网的虚拟社会,以延伸人类现有的生存空间和想象空间,改变人类的生存方式。在这里,人们可以摆脱现实世界中的压抑,可以充分展现自己无限的想象力,从而爆发出难以想象的、用之不竭的创造力。

具有虚拟性、开放性、交互性、公共性、兼容性、创造性特点的互联网也给管理者提出了难题。传统电信网是一个封闭的、可以严格管理的网络，是一个信息传输质量有保证的网络。在电信网上，电信运营商既是网络的拥有者，也是各项服务业务的提供者。但是，正因为电信网可管可控，使得用户缺乏使用的自由度，电信运营商也缺乏业务的创造性。相对而言，互联网从诞生之始就遵循开放的理念，采用IP技术的尽力而为，缺乏质量保证的传输能力，以及非商用网络延续下来的免费使用习惯，造成了互联网管理的难点。

端到端透明，网络缺乏管理，形成了网络的不安全性和不可信任性，特别是Web2.0和P2P技术的发展和应用，使互联网难以定位和溯源，为传递不良信息和网络犯罪提供了渠道，也使用户开始广泛滥用各种安全加密技术，加装防火墙，加大了网络安全成本。

将网络控制权交给用户，用户拥有最大的自由度，互联网成为向全社会开放的信息平台。一方面人人可以参与创新，促进了业务向多样性和综合性发展；另一方面也造成网络资源被无节制和掠夺性地消耗。

网业分离，互联网所有业务都是寄生型业务，业务提供者不需要掌控网络资源，因而无法保证和承诺服务质量。为提高服务质量，就尽力使用无偿的网络资源，加大了服务提供商（SP）和电信运营商之间的矛盾。

（三）互联网的影响

互联网最初是以"开放、参与、自由沟通"为理念发展起来的。在互联网发展的初期，人们普遍认为互联网管理工作仅限于技术协调，即互联网资源（如DNS、IP地址、TCP/IP协议、根服务器等）的管理。1998年以前，互联网几乎完全是由一个人监管的，他就是美国南加州大学的计算机科学教授乔恩·波斯特尔（Jon Postel），他用一个记事本简单地记录着网络地址和分配的域名。早期能上互联网的人也是有限的，主要是互联网的研发人员、大学教授以及大学生，普通民众没有条件接入互联网。互联网运行中，没有任何合同或者条约、条例的约束，只有君子协议。大家在网络上收发电子邮件，大学教授们通过网络进行讨论、切磋研究工作，部分人自愿参与管理、维护网络上的秩序。大家平等地参与到包容、开放的网络虚拟社区中。

随着近些年互联网的商用和高速发展,以及互联网网民数量的高速膨胀,互联网已经成为人们生活中不可或缺的一部分,同时也不断产生出诸多的问题。人们形容它具有两面性,既有美好的一面,也有狰狞的一面,在带给人类社会诸多正面影响的同时,也带来了牵涉社会、政治、经济、技术、法律、道德、文化等多方面的诸多问题。这里既有由于互联网本身固有的特性带来的弊端,也有现实社会及其管理机构对互联网的发展没有适时变化所造成的问题。

1. 政治方面

互联网既为政治民主的发展提供了空前的动力和机遇,也使民主的发展面临着很大的挑战。

互联网的开放性、平等性,的确大大提高了政治的民主程度,任何人都可以通过网络自由发表自己的见解,公民参与政治的渠道拓宽了。在网络面前,人们的政治能力、政治机遇是平等的。

但也正是互联网本身的开放性和平等性,使得互联网不便于管理,网络正成为许多组织和个人宣传自身理论和思想的地方,甚至成为政治团体和个人用来抨击对手的工具,从而直接挑战现实的政治民主法律体制。一些政治团体,甚至是一些国家政府,利用网络渠道来影响其他国家的民众的思想意识,从政治上攻击那些与自己立场或意见不同的政府和团体,煽动民众,扰乱社会,干扰他国内政。而且由于互联网的不可控性,在网络上进行的政治思想领域上的斗争会显得十分复杂,不同的个人和组织都可以采用不同的方式,在网络上无约束地发表不同的政治和思想观点,形成激烈的对抗,影响国家和社会的安全、稳定。

2. 经济方面

互联网在通过信息化推动全球经济迅速发展的同时,也由于世界各国、不同地区信息化程度的差距,即由于日益扩大的"数字鸿沟"或"信息鸿沟",导致经济发展新的不平衡,出现新的扩大化的贫富差距。

科技的力量是无穷的,网络时代,互联网以前所未有的速度在全球范围内迅速扩张。然而,这种爆炸式的增长是一种极不平衡的扩张,富国和穷国在国际互联网用户数量分布的差距,比全球富国与穷国人均收入差距的悬殊程度还要严重。现在信息掌握的能力已经成为各国各地区经济发展的主要决定因素，然而建立高效、完整的信息网络，需要大量的资金和技术支持。正是由于这个原因，那些原本经济实力比较强的国家和地区，信息基础设施的建设相对完善，在信息的开发和利用上就会先走一步，从而更加推动社会经济的快速发展，国家实力越发强大。相反，那些经济实力比较弱的地区，由于没有足够的资金和技术开发信息网络，通信设施建设跟不上网络发展的步伐，对信息的搜集和掌握没有发达国家及时有效，使他们在经济竞争中更加被动，导致社会经济发展缓慢。所以，网络时代带来的一个不利影响就是可能导致世界各国的经济发展不平衡：一方面少数发达的国家和地区在加速信息化和经济发展；另一方面一些落后的国家和地区则被边缘化或隔离化，经济发展相对滞后。

近年来，互联网发展不平衡的"数字鸿沟"问题，已经成为世界范围内普遍被关注的重要课题。从全球来看，"数字鸿沟"表现出来的是发达与欠发达国家，由于国际互联网普及水平的差异性而导致的经济发展两极分化。从各国的内部来看，由于社会经济发展水平不平衡，在教育程度较低者与教育程度较高者之间、低收入者与高收入者之间、现代化水平较低的地区与现代化水平较高的地区之间，都存在着信息技术拥有和应用的巨大差异。这一现象极具普遍性，即使在高度发达的美国也不能避免，其他发展中国家和地区的差异则更为突出。"数字鸿沟"的危害不容忽视，它使得信息贫困者在社会中面临不平等的机会和生存发展的权利，导致他们可能或正在被信息时代所抛弃。

3. 文化方面

互联网的普及在带来文化全球化的同时，也在弱化一些民族的传统文化。

互联网可以让我们足不出户就对世界范围内的信息有所了解，但是，正是由于网络在世界范围内的日益普及，将会给许多地区的文化带来极大的威胁。首先，在互联网全面普及之后，必然要在世界范围内使用统一的网络语言，而按现在语言的普及程度来看，网络信息绝大部分是以英语形式出现的，英语成为事实上的网络语言，对于其他非英语国家的民众而言,为了在网络上获取相关信息,就要学习和掌握这种网络语言。于是,这些国家就会越来越受到英语系国家,尤其是西方国家的信息和文化的影响,而削弱原有的文化和习俗,影响原有的思想观念和文化素养。正如尼葛洛庞帝所说的:"在互联网上没有地域性和民族性,英语将成为标准。"

其次,文化的全球化也表现出一种显性的、强制推行的文化殖民化,这就是"文化帝国主义"。那些发达国家特别是美国,由于他们在资金、技术上的巨大优势,正在牢牢掌握着互联网这"第四媒体"的主导权,从而利用网络对发展中国家进行强烈的文化渗透。目前,美国文化占据了全球网上信息资源的90%,人们一进入互联网,就相当于进入美国文化环境之中,迫使其他国家的人们接受其文化信仰和价值观念。在互联网时代,如何保护和发展自己民族的优秀文化和优良传统,是应该认真研究的问题。

4. 社会交往方面

互联网给人们的工作和生活带来了极大的方便,却也使某些人的社会意识逐渐降低,社会关系淡薄,人际交往扭曲。

互联网的发展给人们的工作和生活都带来了极大的便利,扩大了人类交往的空间,同时也在深刻改变着人与人、人与社会的关系。

首先,由于网络可以超越时间和空间上的距离,足不出户就可以与世界各地的人们通过网络进行联系,交换和传递信息,但却可能减弱人与人之间面对面直接交流和沟通,淡薄了邻里关系、同事关系、家族亲情,最终导致人们的社会关系简单化,削弱人们的集体意识,降低人们的社会意识。

其次,网络本身所具有的虚拟性和非现实性,也极易导致现实中人际关系的扭曲。现实中每个人都有自己真实的身份和地位,都具有确定的社会形象和人格。而在网络交往中,人们既可以随意更换自己的姓名、性别、年龄、学历,又可以任意改变自己的身份和地位,以致造成人格扭曲。现实中人们通常要面临各种各样的压力以及利益冲突,如激烈的竞争以及快节奏的生活等,常会压得人喘不过气,许多人为了逃避现实而沉迷于网络中。一个在现实中表情木然、沉默寡言的人,在网上可能幽默风趣、侃侃而谈;一个在现实中冷漠无情的人,在网上也可能热情似火。

除了上述方面,互联网还给人类社会带来了很多其他的挑战,例如网上非法信息泛滥的问题、网上大量信息资源的知识产权保护问题、网上交易的安全问题、网上虚拟财产的界定和保护问题、网络的安全问题、网上虚拟人格权和隐私的保护等。像盲人摸象那样,不同行业知识背景的人,对互联网就有不同的理解和关注焦点。技术专家主要从互联网的技术角度看待互联网,研究其技术的发展;经济学家关注的是互联网对社会经济发展的影响;社会学家更加关注互联网对于社会道德、文化的影响;法学家则关心互联网对于传统法律体系提出的挑战;人权组织则关注互联网上如何维护公民的言论自由、隐私权等问题。本书后面将分章节就各种问题分别进行详细的探讨。

二、网络社会的形成

互联网是利用通信线路和通信设备,将分布在不同地点的多台计算机、手机等终端互相连接起来,按照共同的网络协议,共享硬件、软件和数据资源。自20世纪60年代开始萌芽发展的电子计算机,与20世纪90年代初期开始普及的通讯科技——国际互联网相结合,革命性地改变了人类社会获取信息的方式和效率。互联网更是打破了时间和空间的间隔,把人类社会推进到了网络社会阶段。

网络社会形成的科技基础是计算机网络技术的"电脑网络"或"信息网络",这开始为网络形式的大变革奠定了物质基础,也是现代意义上的"网络社会"的崛起。高度发展的信息网络,一方面通过现实社会的投射,构成了自己虚拟的"网络社会"(Cyber society);另一方面通过信息网络的渗透,融合了各种已存的社会实体网络,使"网络社会"成为整个现实社会的结构形态。简单地说,虚拟"网络社会"(Cyber society)是实体"网络社会"(Network society)的基础,又被包容在后者之中。

进入21世纪以来,第二代互联网技术迅速发展,主要包括博客(BLOG)、维基百科全书、社会网络(SNS)、即时信息(IM)、微博客等技术。

Web2.0技术具有六个鲜明的特点。第一,网民可以无处不在地上传和下载文字、照片和音像视频资料,发表意见和建议,使得社会变得公开透明;第二,对网友乃至所有人的服务不仅无处不在,而且不断改善;第三,充分重视网民参与、分享与整合集体的力量和智慧;第四,把相同特质的人链接起来,把不同特质的人"超链接"起来,进一步融合,形成新的社区、组织和共同体;第五,互联网是参与和分享的工具,不是控制和统治的工具;第六,通过聚集分散的、独立的个人,把各种力量聚集起来,推动更大的变革。我们不难发现,网络是开放的、不断链接和聚集的。

Web2.0阶段,其特点是网站和网友的互动,互联网由单一浏览平台转为开放、共享、参与、个性化、互动的平台。这种技术变革,使得原来自上而下的由少数资源控制者集中控制主导的互联网,转变为自下而上的由广大用户集体智慧和力量主导的互联网体系。Web2.0技术将互联网的主导权交还给个人,从而激励个人参与到体系中来。Web2.0技术正在向各应用领域快速渗透,引发了电子政府2.0(EG2.0)时代。从实践角度来看,信息网络技术是提高领导力的有效的新工具。

第二节　思想政治教育的网络社会观

随着互联网技术的广泛应用以及信息高速公路的蓬勃发展,数字化逐渐成为人们社会行动方式和交往方式的新特征。与此同时,一个与人类现实的社会生活系统存在较大差异的社会系统——网络社会系统日渐显现。概括而言,学术界对于网络社会的认识主要存在两种理解:一种理解将网络社会视为互联网以及人们通过互联网技术所实现的网络化过程及互动;另一种理解则将网络社会视为网络空间,作为一种特殊形式的存在,计算机互联网络通过数字化的方式,创造了一个现实空间之外的并与现实空间相对应的虚拟空间或数字空间。

一、网络社会及其对现实社会生活的影响

从广义上看,网络社会是一种现实存在,因而也包含在现实社会的范畴内;从狭义上看,网络社会与现实社会并存,是最新出现的一种社会存在方式,称为广义现实社会的一部分。作为一种新的社会存在方式,网络

社会并不表示一种新的社会形态或社会发展的新阶段。网络社会与现实社会是紧密相连的,不能脱离现实社会而存在,网络社会以现实社会为存在基础,并依赖于现实社会的物质生产、科学技术的发展而发展,网络社会主体的存在也是以现实社会主体的存在为基础,因而,网络不能代替现实社会。作为人类生存和活动的新空间,它是与现实社会并存的新的社会存在形式。

我们可以从以下四个方面来理解和把握网络社会是一种全新的社会存在方式。从个人与个人的关系来看,对对方的社会地位、社会角色和人格品质等都有一定的了解,是现实社会中个人间交往的基础。而在网络社会中,个人与个人之间的交往带有极强的匿名性,双方可能对彼此实际的社会地位、角色等都不了解。从个人与群体的关系来看,现实社会中群体组织的力量通常会大于单个人的力量。而在网络社会里,个人有可能比群体更加有力量。从群体与群体的关系来看,社会分工而产生的依赖性结合是现实社会群体之间结合的基础,而在网络社会中,人们所组成的群体主要建立在精神交流的基础之上。从人与物的关系来看,在传统社会中,人们通常是通过视觉、听觉、触觉等感觉器官,直接综合地感知某物的存在及其所具有的特性,被认识的事物通常与认识主体共处于同一空间,而在网络社会中,主体对事物的认识主要是经过数字化处理,间接个别地感知,被认识的事物与认识主体可以不处于同一空间内。

(一)网络社会的基本特征

在网络社会中,信息交换系统取代了工业社会的机器系统。当代网络技术的进步,不但改变了人类社会互动与沟通的环境,也影响着人类日常生活的结构与生活行为的内涵,从而成为人们生活方式的组成内容。网络社会所有成员的共同参与及被全体成员所利用而形成的开放性是信息交换系统的基础。信息交换系统的开放性不仅仅是单纯的人文理念,更主要体现为信息技术的发展。以信息交换系统为内核的网络社会有别于工业社会,具有虚拟性、开放性、交互性和自主性等特征。

1.虚拟性

由于网络空间的最基本的物质组成是计算机及其各种连接设备,所传输的是二进制数据,这便形成了网络社会的虚拟性特征。在网络社会中,人的实践活动被转移到以网络为基础的虚拟自由空间,真实世界与虚拟世界之间的界限被模糊化,从根本上改变了人们的认识方式,数字符号成为人们交往所特有的规则和方式①。

2.交互性

在网络社会中,网络电话的运用、电子邮件的使用以及电子商务的发展,消除了交往中的时空距离,增强了人们交流的交互性。

3.自主性

现实社会有许多法律条文、道德伦理框框规范着人们的行为,告诫人们能做什么、不能做什么,从这个意义上来说现实社会的人缺少更多的自主性。而在网络社会里,所有网民都是自己的领导和主人,都拥有网络的一部分。

4.开放性

开放性是网络社会的典型特征。在传统社会中,人们的信息交流无可避免地要受到居住的地域、自身的经济状况和身体条件等种种束缚。而在网络社会中,人们可以不受时间、地点、制度的限制,自由地发表见解、观点。

(二)网络对现实社会生活的影响

与人类历史上每一次重大的技术革命一样,互联网、电子商务给我们的社会经济生活带来了革命性的变革。网络以其强大的冲击力和震撼力,对社会生活的诸多方面产生了影响,如在经济领域催生了新的经济形态——网络经济,在政治领域催生了新的政治形态——网络政治。

网络经济所带来的经济大变革的本质就在于:信息正在取代资本而成为世界经济的核心经济资源。在这一过程中,计算机网络的出现以及其在信息的采集、传播和加工等方面所发挥的独特作用,使得新的经济形态无处不打上网络的印记。作为一种全新的经济模式,它也更能适应现代社会经济发展对高新技术及其产业化的要求。网络产业体系产生了知

---

①宋效峰.网络社会条件下的价值观整合——兼论对高校思想政治教育的影响[J].凯里学院学报,2011,29(1):22-24.

识、专利、信息等无形产品,改变了传统产业的物资、原料、产品等有形资产的流通方式,使商品的交易突破了国界、地域、行业等壁垒和时间的障碍,从而有力地促进了社会经济的增长。网络经济有效地降低了与社会经济的发展相伴随的通货膨胀率。具体而言就是,网络经济能够减少传统工业经济模式下的资源消耗,抑制通货膨胀的发生。不仅如此,网络经济在扩增社会就业总量方面也表现得较为突出。它可以为社会提供巨大的就业机会,带来巨大的服务利润。可见,网络经济对社会经济的贡献是不可估量的。当然,由于网络经济本身的发展还不成熟,网络经济自身也还存在许多不足之处。这就要求我们:一方面要从主导的积极的方面来肯定网络经济的存在及其革命性作用;另一方面也应该注意克服网络经济在其发展过程中已存在的或者会发生的问题。只有这样,才能顺应时代的大潮流和大趋势,积极有效地推动网络经济的发展。

以计算机、互联网为代表的第三次产业革命,正在引起生产力方式、交往方式、生活方式、管理方式、思维方式和社会结构的巨大变化,其中不可避免地包括政治资源的重新配置和政治活动方式的革命性变化。

第一,影响民意表达和公民政治参与。互联网为公众参与提供了有效的技术手段,特别是为弱势群体提供了参与决策的可能。通过网上论坛,公民可以与政府官员直接对话,也可以积极发表见解。网络加强了政府与公众之间的交流,提供了政府联系群众的渠道。

第二,影响政治决策。互联网的发展推动了决策的分散化。网络经济的发展和管理层次的减少使社会结构扁平化、网络化。从中央与地方的关系来看,地方政府的横向联系增多,中央政府主要发挥协调、监督与保障作用。从政府与公民的关系来看,网上政府扩大了公民的知情权,使公民获得的政务信息的可靠性和系统性不断增强,推动了政府职能由管理控制型向管理服务型转变,从而凭借对信息的掌控来行使权力,变为主要为公民提供信息服务。这样会促进决策的民主化和科学化,提高决策的速度和灵敏性。

第三,影响政治关系。互联网大大加强了公民之间、各种社会组织和社会群体之间的横向关系,形成了交互式的人际关系。网上交际的迅猛发展、网上社团的出现,都加强了公民之间的沟通和理解,促进了各种具体利益的表达和聚合。网上平等自由的思想交流所形成的开放性、互动性、广域性、即时性,又有助于了解公民的社会政治心态和政治动向,从而建立良好的社会预警机制。

第四,影响政治文化。互联网促进了各种政治文化的相互激荡。一方面为我们广泛吸收人类政治文明的积极成果提供了机会;另一方面,政治文化多元化的环境也加大了舆论导向和社会控制的难度。发达国家凭借其在发挥互联网的政治功能、控制网上政治信息方面已积累的经验和形成的网上信息优势,有意识地进行信息控制与误导,影响和控制人们的政治心理,宣扬资产阶级的意识形态和西方政治文化,危害绝大多数人的利益,阻碍社会进步的政治思潮,也会借用互联网扩大影响,甚至危及社会稳定。所以,必须努力增强马克思主义的政治文化的优势,使之成为受众在政治文化方面的必然选择。

(三)网络引发的各种社会问题

林闽钢在他的《迈向网络时代的新社会学》一文中,从网络治理的视角,分析了网络社会呈现的新特征:其一,控制性的减弱。由于网络社会没有国界、没有地域、没有等级,因而也没有权威。面对一些突发的、不期而遇的社会问题所带来的风险,仅仅依靠单个的区域来解决显然是不可能的。其二,共时性的加强。网络从本质上看是现实生活时空的延伸,促进了世界范围内社会关系的增强。当社会问题风险出现的时候,就可能同时延伸到所有的空间形成同步共振。在社会关系连锁上的各个环节将同时共担风险,而问题的解决也通常必须通过共同的努力才能实现。其三,危险性的加剧。"网络战""信息战"将成为未来战争的主要形式,其潜在的危险性通常是以往任何战争形式所无法比拟的。

二、网络社会环境对思想政治教育的制约作用

人的思想道德品质的形成和发展,总会受到外界各种条件的制约和影响。作为人的思想道德和精神价值导向系统的思想政治教育,无时无刻不受到外界环境的影响,而网络社会环境的复杂化,更加凸显了外在环

境在思想政治教育中的重要性。因此,思想政治教育者必须正确认识网络社会思想政治教育所处环境的概况,从而为网络社会思想政治教育的开展、增强网络社会思想政治教育的有效性提供有利的条件。

所谓思想政治教育环境,是指思想政治教育按照一定的教育目的,有计划地选择、加工和创造,对人们发生熏陶、激励、鼓舞、约束和教育作用的环境。主要包括社会政治环境、经济环境、文化环境和道德环境等。可以说,凡是与人的思想、行为相关的物质性要素和精神性要素,都可以称之为思想政治教育环境。在现实社会中,思想政治教育环境是围绕在思想政治教育这一系统周围,并影响该系统存在和发展的一切要素的总和。与之相对应,网络社会思想政治教育环境应是指在网络的虚拟环境中,围绕和影响思想政治教育这一系统的各种因素的总和,包括宏观环境和微观环境。

(一)网络社会宏观环境的作用

从宏观角度分析,网络社会思想政治教育环境包括网络经济环境、网络政治环境和网络文化环境。网络经济、政治、文化环境是对现实经济、政治等的反映和延伸,它对做好网络社会思想政治教育具有极其重要的作用。

1.网络社会思想政治教育的经济环境

网络社会经济环境是指网络带来的技术变革、社会生产力的发展、人才竞争的加剧等各种状况的总和。这一新的社会环境,对包括人的思想、观念在内的社会生活有着重大的影响。

(1)加快了社会生产力的发展

网络增强了劳动力获取、传递、处理和运用信息的能力,促进了知识劳动者的出现与快速增加;提高了生产中的知识和科技含量,为现代科学技术及时向现实生产力转化提供了便利条件;扩大了劳动对象范围,使数据、信息、知识等都成了新的劳动对象。因此,随着网络技术的应用,社会生产力将会得到进一步发展。

（2）促进了社会道德水平的提高

科学技术的向前发展和人们的实践活动范围不断扩大，对人们的道德提出了新的课题和新的要求。比如新兴的生态伦理学所提出的对自然生态得到的规范。同样，计算机新技术的出现要求人们树立计算机伦理道德观念。随着网络技术的不断改进，会有更多的道德问题出现，而对这些新问题的研究和探索，必然会促进人类道德伦理的变化和道德水平的提高。

（3）转变了劳动力结构的格局

在网络社会条件下，新技术使得生产过程中自然资源与人力资源的地位正在发生逆转，改变了生产过程中脑力劳动和体力劳动的构成，使得知识工人成为劳动力需求的热点。

（4）引起了个体素质结构的变化

随着网络经济的发展、新技术的更新，作为生产系统主要环节的人，将退出直接生产制造过程，而只承担原来的监督和管理部分职能。劳动表现为人以生产过程的监督者和调节者的身份同生产过程本身发生关系，这种转变不仅引起了社会经济结构的变化，而且会引起人的素质、心理、文化和生活方式的改变。

（5）加快了教育者职能的转变

网络经济给人类社会带来了无限的发展空间和机遇，同时也会带来社会结构的调整、变化和教育者职能的转变。新兴的科技交流手段将使教育者具有更强的信息获得和控制能力，使教育者的职能扩展，从而更有效地实现其对受教育者的教育。

2.网络社会思想政治教育的政治环境

在网络化境遇中，传统的政治环境发生了根本变化，形成了网络社会的政治价值环境。具体地说，网络社会思想政治教育环境对人的思想的影响，主要表现为政治斗争、政治参与、政治体制结构的变革三个方面。其一，政治斗争。在网络社会，国际政治斗争主要表现为社会主义与资本主义两种意识形态的冲突与斗争。西方国家正凭借其互联网信息发达的优势在网上传播西方的自由、民主、人权等思想观念，鼓吹西方的生活方式、价值观和政治制度,企图通过和平演变的方式,依靠文化强势地位,诱导人们认同和信奉西方意识形态。如何利用互联网加强思想政治教育,保护马克思主义的主导地位,巩固社会主义阵地,防范、打击和取缔网上的非法政治活动,是当前我们必须解决的时代课题。其二,政治参与。政治参与指的是公民通过一定的方式和渠道,试图影响政治活动过程的行为。在网络社会,广大网民能够自由、平等地参与各种公共事务并进行投票,还可以参与讨论、发表见解。通过网络,公民有更多的机会了解政府,参与政府的决策。网络所具有的信息传递快捷性,大大提高了人们参与政治的兴趣和能力。网络社会的政治参与,使得思想政治教育者能够及时广泛地搜集社会各阶层的意见,获得信息反馈,拉近教育者与受教育者的距离,促进教育对象对教育者的教育引导信息的认同与内化,保证思想政治教育的有效开展。其三,政治体制结构的变革。在网络化政体中,国家"嵌入"社会中,通过与社会各组织网络的合作来实现目标。这种平行式的网络化政体是无中心、无等级的,人与人之间完全平等,每个人是自由的个体。网络的整体性有利于发挥每个个体的能动性,使其自觉地担负起某种社会职责,从而达到管理的目标和教育目的。

3. 网络社会思想政治教育的文化环境

作为意识形态的文化,网络文化环境的形成是一定社会的政治和经济状况的反映,对一定社会的政治、经济产生巨大的反作用力和影响。文化是人类生产的物质文明与精神文明的总和。狭义的网络文化,是指网络技术专家和一般网民在互联网上进行的文化活动;广义的网络文化,则是人们围绕并利用网络这一平台而展开和创新的人类文化,网络文化是依附于现代科学技术,特别是多媒体技术的一种现代层面的文化。网络文化是网络社会中人的精神成果的积淀与凝结,它构成了我们时代的一个最为突出的社会意识形式,逐步演变成为一种全球的力量,它正引导一场文化的创新。作为由数字计算机网络交往方式编织起来的网络文化,具有注重个性创新的"个性文化",淡化身份与地位差异的"平等文化",突破地域的"国际文化",平面化、标准化、形象化的"快餐文化"等文化内涵。网络自诞生以来,不仅其自身不断演进,而且迅速地与其他文化特质相结合,形成了一个庞大的文化丛,其应用渗透到教育、经济、政治、科技等众多领域。当人们接受这些技术文化丛、文化群、文化集的时候,就会产生价值观念丛、价值观念群以及价值观念集。

因此,在网络社会,一定要加强网络文化建设,创造良好的网络文化氛围,增强民族文化的抵御功能和自卫能力。

(二)网络社会微观环境的作用

除了考虑网络社会的宏观环境对思想政治教育的影响之外,还必须注重网络社会的微观环境对思想政治教育的影响。从微观角度分析,网络社会思想政治教育环境包括网络道德环境、网络心理环境和网络交往环境。

1.网络社会思想政治教育的道德环境

传统道德的运行主要依靠人们的是非观和社会评价,但在网络空间中,人的交往形式只是符号,互联网为人类创造了一个新的道德环境。在网络社会,新的网络道德环境正在促使人们改变原有的生存方式,为人们的思想行为乃至社会结构注入新的内容和形式,可能正在或者将要大大改变人们的生活观念和感情,不断给人们的心理带来正反两个方面的作用和潜在冲突。

互联网为人类创造了一个与现实社会道德密切相连又差异明显的新道德环境。网络道德环境不仅提供了取之不尽、用之不竭的知识库,而且也提供了广泛的人际交流机会。全新的网络道德环境将对思想政治教育对象的思想、价值观念产生广泛影响。同时,也扩大了他们的责任范围,更新了道德领域。互联网为人类创造一个新的、积极的、健康的道德环境,同时也给人类带来一个消极有害的不道德环境。为了维护网络社会的正常秩序,净化网络道德环境,防止网络不道德行为污染新环境,每个公民在享受网络社会的道德权利的同时,必须自觉地履行一定的道德责任和义务。良好的网络道德环境是网络社会思想政治工作顺利开展并产生实效的重要环境保障,而网络道德环境的优化又离不开思想政治工作,两者互动共荣、相得益彰。

2. 网络社会思想政治教育的心理环境

思想政治教育的心理环境是思想政治教育接受者在某一时刻或某一阶段的心理状态,情绪和情感是其外在表现。网络社会思想政治教育的心理环境是指网络社会主体的心理状态,特别是情感状态。实践证明,当受众处于一种积极的、健康的心理环境之下,思想政治教育能够顺利地达到预定的目的,效果会比较好。反之亦然。

在网络社会,思想政治教育要顺利开展并达到预期目标,同样需要有一个良好的网络心理环境。互联网的出现为人们创造了一个积极健康的心理环境。网络社会是开放的,它没有一个中央权力控制机构,不同的人均可以自由地选择信息、发表意见和与他人交往。而且网络社会是一个非中心化、个性化、变动性的虚拟社会,身处于网络社会的人的感觉能力、思维能力、记忆能力、创新能力将得到极大的提高,因为互联网技术扩展了人的感觉器官、神经系统,尤其是思维器官。同时,虚拟化的网络环境也提高了人们交往的兴趣和能力,强化了人们的交往心理,有助于人们的心理健康。

互联网给人们提供了一个自我创造、扩大交往、增长知识、心理沟通、排解不良情绪等心理活动的巨大空间,同时也催生了许多心理问题,使不少人患上了网络心理疾病,出现了心理障碍。例如,认识能力的片面发展、情感淡漠、处世消极、心理变异、行为异常等。为了给思想政治教育创造一个积极、健康、和谐的网络心理环境,我们必须采取必要的措施克服互联网给人们带来的心理问题。

3. 网络思想政治教育的交往环境

在网络社会,网络技术不仅协助人类超越了地理空间上的限制,而且也扩大了人类交往的规模。首先,互联网扩展了交往对象的范围。网络的开放性、大众化、虚拟化、直接性等多种特点,容易为网上的交往提供便利。网络连接不同国家和地区、不同行业或职业,覆盖面大。其次,交往行为具有强烈的自主性和选择性。在网络社会,人们可以自由发表自己的观点、真实地表达自己的心声,具有鲜明个性的自主交往特征。再次,交往的平等性和直接性表现得非常明显。网络是民主政治和开放社会的产物,网络交往只能采用平等的方式。最后,交往背景的设计理性化。在网络社会里,每个人都可以将自己的真实身份、特征隐藏起来,借助数字符号对自我进行理性设计,构想出能够成为他人理想交往对象的自我。

互联网为人类创造一个崭新、便利的交往环境,大大促进人们的思想沟通,同时也暴露出一些不如人意的问题。主要表现为人机关系对人际关系的冲击、交往中的信任危机、交往中会导致公共领域的无序化等。网络化生存带来的情感、心理、道德等问题是思想政治教育在新的生存环境中的尖锐问题。联合国教科文组织指出,未来教育的四大支柱之一是"学会与人相处"。这种相处不只是在虚拟的网络世界中的相处,更主要的是在现实世界中如何与人和谐相处。友好合作,学会做人,拥有人的感情,树立正确的交往观、道德观是人性中不可缺少的部分。教育者应该积极主动地参与网络交往与沟通,努力为人们创造一个良好的情感氛围,创设一个有利于人们交往的良好环境,关注人们交往中的道德行为,从而为人们树立健康向上的网络交往环境,培养网络道德感和责任感,培养健康的网络个性特征,使人们以合法合理的交往行为进入网络,防止网络交往中不道德行为的发生。

三、开展网络社会思想政治教育的必然性

随着信息科学技术的迅猛发展,信息网络的作用正日益渗透到人类社会生活的各个方面,深刻地影响着社会经济、文化、教育和人们的工作、生活与思维方式。面对社会生活的急剧变革,思想政治教育应该跟上时代发展的步伐,与时俱进,积极研究并发挥信息网络的技术优势,站在世界科技革命发展大势的高度,把握信息网络发展动向,努力实现思想政治教育的创新,为我国的改革开放和现代化建设提供强有力的思想保证。

(一)网络社会思想政治教育的机遇和挑战

网络技术的迅猛发展不断为人们提供认识世界、改造世界的新武器和新手段。从思想政治教育发展的维度看,互联网带来了教育手段、教育方式、教育条件、教育绩效以及教育价值观的变化和拓展,为信息时代思

想政治教育变革和发展提供了良好的机遇。

1. 丰富了思想政治教育信息的获取渠道

一般而言,书本、文件、著作等材料是传统思想政治教育获取信息的主要途径。这种方式不仅占用了教育者的大量时间,也消耗了一定体力。而思想政治教育者借助网络可以及时获取丰富的教育资源,学习和借鉴思想政治教育的先进成果和成功经验。由于网络具有超时空性、共享性和开放性,不同地点的思想政治教育者和受教育者,可以打破地理界限和时间限制而进行交互式学习,从而提高思想政治教育的教育绩效。

2. 提高了思想政治教育的工作效率

由于教育手段单一、落后,传统思想政治教育的教育效果通常不太理想。很显然,传统的教育手段很难适应新形势下思想政治教育的需要。作为一种有效的信息传播工具,网络技术不仅可以建立思想政治教育调研网络和信息网络,加强对社会心理和社会情绪的动态分析,还可以通过研究网民特点,加大引导和管理力度。同时,网络也具有较强的教育吸引力,可以极大地激发教育对象的求知欲和想象力,最大限度地调动教育对象获取信息的主动性、自主性与参与性。

3. 提升了思想政治教育的时效性

信息网络具有传播速度快、实效性强的特征。人们通过网络随时可以了解世界各地正在发生的政治、经济、生活等各方面的大事。这种迅速、及时的传播方式有利于及时传播科学的思想政治信息,运用网络开展思想政治教育范围广、辐射面广、冲击力和影响力强。

4. 增强了思想政治教育对象的主体性

在网络空间里,人可以离开实践活动的直接现场,从体力和部分脑力劳动中解放出来,这正是作为主体人的理性、智慧高度发展和自由自觉的表现。人可以自由和自主地获取自己所需的信息,自由地与陌生人或是志趣相投的人交流思想。在网络化的生存方式中,人的独立性和个体性逐渐凸显。就思想政治教育的长远目标而言,实现人的全面发展是思想政治教育的归宿。网络社会思想政治教育通过宣传知识的价值、人的价值,提高人的思想政治素质,帮助人们树立正确的人生观、价值观,因此,运用网络开展思想政治教育,有利于思想政治教育提升人的主体性的目的的实现。

虽然网络技术给思想政治教育带来了良好的发展机遇,但是也给思想政治教育带来种种消极和负面的冲击,对信息时代思想政治教育提出了严峻的挑战。

(1)网络文化传播对社会主义意识形态的挑战

目前,美英等发达的资本主义国家已把互联网作为谋求跨世界战略优势的政治工具。这样,资本主义的价值观念、意识形态也以更加广泛、多样、便捷的方式渗透到我国政治、经济、文化、教育和人民生活等各个领域。我们尽管在报刊、电视、广播等阵地的理论宣传研究与实践经验较为丰富,但对于在互联网上建设马克思主义阵地的研究与实践却相当薄弱。在网络世界中,西方强势文化仍然占据支配地位,对不同的异质文化横加鞭挞,迫使别人接受其文化信仰和价值观念。从东西方文化冲突的角度来看,以美国为主导的西方发达国家文化,以其信息优势对其他地区和民族的文化产生覆盖、消解或侵蚀的作用。从文化市场治理和文化体制发展所面临的挑战来看,在互联网上,不良信息泛滥,其种类和数量触目惊心且愈演愈烈。由于网络接收信息的方便性和隐蔽性,加之文化产业部门严重的条块分割,无法形成整体思想政治教育的合力,因而给目前文化市场的治理工作增加了难度,也给思想政治教育工作带来了挑战。

(2)思想政治教育对象新变化对青少年教育的挑战

在网络社会里,人的自主性和独立意识都得到了一定的提高。但是,面对信息全球化条件下各种社会力量因力图在互联网上占据一席之地而产生的激荡,面对信息膨胀及其传播途径的多样化,人们感到目不暇接,尤其是青少年更是如此。当前,青少年已经成为网民的主要群体。网民在年龄结构上呈现年轻化、低龄化的特点。值得一提的是,网民年轻化的趋势将随着互联网的深入发展而愈发明显。作为网民结构中的重要组成部分,青少年无疑是网络社会思想政治教育的主要对象。在网络日益发达的今天,如何做好青少年的思想政治教育工作,关系到青少年的健康成长,关系到祖国未来建设者和接班人的培养,关系到国家核心竞争力的整体优化与提高。从心理学的角度来讲,在青年阶段,个体的自我意识得到迅速发展,人生观和价值观趋于稳定,求知欲和可塑性较强。然而,青年阶段也是一个充满风暴与压力、充满强烈不稳定情绪的时期。他们的思想意识、价值观念、思维方式的个性化、多元化、复杂化特征也更加明显,这更增加了思想政治教育的难度。

(3)对思想政治工作传统的思维方法、工作方式的挑战

与网络发展相伴相随的是西方文化的渗透。全球信息网络一体化,不但会导致网络犯罪,给虚假和不健康甚至反动信息的传播提供可乘之机,而且会使西方社会的人生观、价值观长驱直入。因此,在多种社会意识形态和不同层次文化的交互作用下,我们对舆论导向的控制能力和意识形态的防御能力面临着严峻的挑战。在这种形势下,能否有效地保护我们民族的文化和公共价值观,能否有效地增强全民族的思想道德观念,关系着国家的兴衰和全民族的思想道德素质。因此,思想政治教育工作的历史使命,要求它始终站在时代和科技的前沿,对于体现现代科技水平的互联网,不仅不应使其成为思想政治工作的空白,而且应使其成为推动思想政治工作方法创新的有效载体。这就要求思想政治教育增强对新生事物的敏感性,跳出传统的思维模式和工作方式的束缚,创新思想政治教育的思维方法、工作方式,担当起引导潮流的历史使命。

(二)创新网络社会思想政治教育的客观要求

网络社会的思想政治教育是一项前无古人的事业,既没有成功的经验,也没有失败的教训。因此,网络社会的思想政治教育依赖于创新,而且要全方位创新。创新是21世纪的时代主题,是一个民族进步的灵魂,是国家兴旺发达的不竭动力,也是一个政党永葆生机的源泉。在这个时代背景下,思想政治教育承担着培养和造就创新人才的重任。这就要求思想政治教育在各个层面上都要有所创新,思想政治教育的创新,正是适应思想政治教育发展和实现思想政治教育现代化的需要而产生的。

创新是经济社会的强劲动力,也是思想政治教育发展的不竭动力。思想政治教育的创新,就是要求思想政治教育的观念、内容、方式、体制、模式、队伍等各个方面,都要适应现代化社会发展和人的发展的需要,充

分运用一切先进的科技和各种有利条件,创造出适应时代潮流和社会发展需要的崭新的形式和内容。思想政治教育的创新就是为了积极促进社会发展和人的发展而进行的改革或转变,它的实质是实现思想政治教育的现代化。进一步说,思想政治教育的创新,就是要利用网络信息技术给人们的生活、信息传播带来的革命性变革的有利时机,实现传统思想政治教育的自我更新与范式的转型,赋予网络社会思想政治教育以时代的内容和含量,彰显其时代的价值性与功能性。

社会的发展方向决定了思想政治教育的创新和发展方向。思想政治教育的内容、形式等必须随着社会的变化而变化。这种一致性是思想政治教育与社会之间的互动关系,是不以人的意志为转移的客观规律。由于传统的思想政治教育方法和手段在很大程度上已经不能适应社会变化发展的需要,因此,必须从方法上进行相应的变革。只有这样,思想政治教育才能与社会各项工作紧密结合,贯穿并渗透到各项工作的全过程。在网络社会里,思想政治教育应形成网络,由传统的"人力密集型"向"科技密集型"转变,使思想信息纵向、横向适时流动,做到信息共享,实现社会发展与思想政治教育的共契。

思想政治教育的创新是为了适应人的发展的需要。现代科技革命深刻地影响着社会历程和人类的未来,"信息高速公路"作为一种新型的社会生产力的出现,预示着信息和知识将取代金钱和权力,而成为社会的基本财富和资源。人作为社会的主体,其发展与网络密不可分,每个人都在不知不觉地接受着网络的洗礼,每个人都应努力成为真正意义上的"知识人"。而知识人正是知识经济时代的主体力量,也是人作为主体发展和完善的方向。从"知识人"的素质构成来看,它有两个基本方面:一是思想道德素质;二是专业技能素质。思想道德素质的导向功能在网络社会显得尤为重要。"知识人"的道德素质如果滑坡,必然导致自身的发展受阻,其对社会的危害也是无法估量的。思想政治教育的创新,要能满足网络社会中作为主体的人的这种新变化,有效提高主体的思想道德素质,进而促进主体专业素质的提高,实现人的自由全面发展。

社会发展变化和人的发展需要思想政治教育的创新。从教育的发展角度来看,教育的网络化趋势也必然要求思想政治教育与时俱进。网络化引发了当代教育巨大的震撼。教育的模式、体制、培养目标、方式方法等都发生了相应的变化,教育的领域在拓展和延伸,终身教育成为发展的必然趋势。作为教育中的灵魂和引领社会潮流的力量,思想政治教育更是任重而道远,为此,必须认真研究把握新形势下思想政治教育的新特点和规律,积极探索思想政治教育的时代境遇及其价值和理性根基,从创新中求发展,以创新去开拓网络社会思想政治教育工作的新局面。

(三)开辟网络社会思想政治教育的新领域

任何技术和产品都要考虑到互联网,错过一段时间可以原谅,但最可怕的是错过一个时代。这句话同样适用于思想政治工作。充分利用网络技术拓展思想政治工作的空间与渠道,创造更为新颖、更为有效的适应现代人信息交流特点的思想政治工作的新形式,开辟思想政治工作的崭新领域和新道路,是整个社会和全体思想政治工作者在网络时代所面临的艰巨任务。

思想政治工作绝对不能错过网络时代,思想政治工作绝对不能丢失网络阵地。网络社会是人类为自己开拓的另一个生存空间。这个生存空间不仅是虚拟的,更是现实的。但网络社会这一新型生活空间与现实社会又有着巨大的差异,是思想政治工作面临的全新的社会领域。

从地理角度讲,互联网覆盖整个地球表面,而地球也是一个球体,在这个覆盖于球体的网状物中,既没有开始的地方,也没有结束的终点站。一进入这个由电缆和调制解调器构成的世界,每个人都变成了电子化的飞速运动的存在。它完全打破了国界,联通了地球上任意一个可以联通的角落,给人们带来大量新鲜而真实的信息和先进观念。这对在封闭环境中建立的意识形态体系是一个巨大的冲击,也把人们带入了这个具有开放性的网络社会。

实践证明,把网络社会仅仅视为游戏般的虚拟社会而不加以重视是绝对错误的。网络社会正全面深刻地浸透到现实生活之中,深刻地影响和改变着人类的传统意义上的社会。毫无疑问,网络技术对当代人类社会产生了一系列积极正面的革命性影响,这种影响已不同于以往新技术的应用对社会发展的影响。以往技术的应用首先作用于经济,然后较缓慢地波及到政治、文化,从而带来整个社会的革命,渐进地造就全新的社会结构。网络社会则不同,从一开始,其目标就不仅对着经济,而是虎视整个社会。网络轻易地透过技术层面,毫无顾忌地、自由地渗入到人类精神文化生活领域中,去建构全新的人类精神生活模式。因此,网络带来的不仅是技术上的革命,更是思维上和观念上的创新。它以自己独特的魅力一下子抓住了人们的视觉,用各种方式冲击着人们的思维方式和原有观念,给接触它的人带来极大的精神震撼。面对网络社会这个崭新的领域,思想政治工作如何开展,是一个摆在人们面前不可回避的重大现实问题。

我们在网络的利用方面已经滞后于发达国家,面临的形势十分严峻。我们必须掌握先进的科学技术和管理方法,进一步解放生产力,推进先进文化的发展。互联网是一把双刃剑,它在带来种种有利机遇的同时,也带来激烈的文化冲突和思想观念变迁。我们要从保持无产阶级政党的先进性的高度,来认识开辟网络社会前沿阵地的重要性,认清网络社会思想政治教育的复杂性、艰巨性和长期性,制定切实可行的、长远发展的网络社会思想政治教育战略并加以落实。

第三节　网络思想政治教育的概念及发展状况

一、网络思想政治教育的基本内涵

(一)基本概念

什么是网络思想政治教育?顾名思义,是指与网络有关的思想政治教育。什么是与网络有关的思想政治教育?它和过去的思想政治教育有什么不同?对网络的理解是界定网络思想政治教育的关键。这就涉及另外一个问题,即网络思想政治教育的内涵是什么?要回答这个问题不是很容易,学者对这个问题的认识就存在很大的差别。由于认识问题的视角不同,因此,不同的学者对于这个概念给出了多种解读,并且内容也不一样。比如:有的学者只是就概念本身进行抽象解读,力求从一般性上来认识,进而回答其本质,以此来揭示事物的基本规律。有的学者首先从现象入手,期望通过对现象的梳理和把握来实现理论认识的飞跃,进而实现对本质的把握。还有的学者认为网络思想政治教育重在实践,在发展的初级阶段,深入而广泛地推进网络思想政治教育的发展,在发展中不断加深对问题的认识和理解才是正确的路径。他们认为只有当网络思想政治教育工作发展到一定水平,对各种问题有了基本认识之后,从理论上进行概括和归纳才有基础。但也有的学者持相反的观点,他们认为网络思想政治教育,从一开始就要有科学的理论进行指导,否则就有可能迷失方向,甚至可能犯下无法弥补的错误。无疑,这些观点对于网络思想政治教育的发展都是十分有益和必要的。单就网络思想政治教育的概念而言,有的学者认为,网络思想政治教育是根据传播学和思想宣传的理论,利用计算机网络进行的思想政治教育。这是国内对"网络思想政治教育"最早的定义。这个定义从网络具有的价值角度,把网络看作手段,或许仅仅是看作手段。与以往的思想政治教育相比,网络思想政治教育无非多了一个手段而已,显然在强调网络工具理性的同时忽视了网络的价值理性。有的学者认为,网络思想政治教育是指抓住网络本质,针对网络影响,利用网络有目的、有计划、有组织地对网民施加思想观念、政治观点、道德规范和信息素养教育等方面的影响,使他们形成符合一定社会发展所需要的思想政治品德和信息素养的网上双向互动的虚拟实践活动。在这里,网络成了教育活动的一个部分。目前,学界关于网络思想政治教育的界定也多是基于这两种观点,即把网络作为一种信息技术和信息交往平台,从网络的技术特征角度对网络思想政治教育进行界定。主要有以下几种具有代表性的观点。

网络思想政治教育就其实质而言,就是根据传播学和思想宣传的基本理论,利用计算机网络工具进行的思想政治教育。作为与传统思想政治教育相对应的一种现代方式,网络思想政治教育是在了解计算机网络和多媒体知识、掌握现代传播技术的基础上,通过制作、传播和控制网络信息,引导网民(受众)在全面客观地接触信息的基础上,选择吸收正确的信息,从而达到思想政治教育的目的。

把网络作为人的一种生存方式,从人的本质的角度对网络思想政治教育进行界定,如书吉锋在《关于网络思想政治教育界定的科学审视》一文中,对网络思想政治教育的概念进行了深入的考察和剖析,力图超越网络的工具价值,揭示网络思想政治教育的本质特征。他认为:"网络思想政治教育是指抓住网络本质,针对网络影响,利用网络有目的、有计划、有组织地对网民施加思想观念、政治观点、道德规范和信息素养教育方面的影响,使他们形成符合一定社会发展需要的思想政治品德核心素养的网上双向互动的虚拟实践活动"。

分析以上两种界定我们不难发现:一方面,这两种界定从不同的视角对网络思想政治教育进行了诠释,有助于加深人们对网络思想政治教育的理性认识,为网络思想政治教育概念的进一步探讨提供了有益的指导;另一方面,我们也清楚地看到,以上两种界定都是从狭义的角度切入的,把网络思想政治教育理解为网上思想政治教育或网络空间的思想政治教育,即在网络空间以网络为载体开展的思想政治教育。伴随着以互联网为代表的信息网络技术的兴起和普及、网络教育平台的不断更新与完善,网民与网络之间的关系越来越紧密,在这种背景之下,网络思想政治教育不仅是传统思想政治教育在其领域、方式及手段上的拓展和延伸,更是一种全新的思想政治教育模式和理念,是思想政治教育发展和创新的一种新趋势。以互联网为代表的信息网络技术所形成的教育平台与教育资源,以其数字化、网络化、高速化、信息容量大、虚拟性等技术特性,促进了思想政治教育内容、方法、手段的创新外,更以其平等、自主、交互性的社会性内涵推动了思想政治教育理念的创新。作为对时代的回应,网络思想政治教育不能只是技术和工具层面上的,其价值层面的意义不容忽视,在全面把握网络本质的基础上进行思想政治教育理念整体性的转换是当务之急[①]。

[①]谭仁杰.网络时代的高校思想政治教育[M].武汉:武汉大学出版社,2014:31-37.

(二)概念外延

从广义上讲,我们提出网络思想政治教育,并不是强调思想政治教育的发生、发展、传播、影响等必须限定于网络范围,还应该包括以下针对网络影响开展的思想政治教育。它不仅指网络的思想政治教育,还指思想政治教育的网络化。因此,广义的网络思想政治教育至少包括以下几层意思。

第一,要承认网络促进了人的本质发展。网络是人的本质的发展,所以网络思想政治教育实际上也是人的本质的一种发展。这主要是因为:首先,计算机网络是人的身体器官功能的延伸,是人们以计算机技术、信息技术和通信技术为基础,以实现便捷通信和信息资源共享为目的而形成的虚拟世界。人是这个虚拟世界的一部分,人们因网络而有了新的实践形式,即网络虚拟实践。其次,网络深刻影响人们的社会生活,成为人们新的生存方式,这种生存方式与过去有着极大的不同,典型的特征就是人与网络的高度融合。再次,网络推动了人的本质的发展。马克思讲人是社会关系的总和,在网络社会中,在人的社会关系中又添加了网络社会关系的新内涵,人的本质必然因此增加了新内容。最后,网络既是人的本质力量的对象化,又是人的本质力量的发展。所以,网络思想政治教育的开展必须以承认网络促进了人的本质发展为前提。

第二,网络是可以为人所掌握和利用的。网络是适应人们的需要而产生的,人们创造了网络,网络又影响并满足了人们的需要。网络一出现,就被世界各国纳入教育改革方案中。从某种意义上讲,人类的教育是广义上的信息传播交流过程。它同样是一种特殊的远程信息传播或通信,即按照一定的教育目的要求,选择合适的教育内容,通过有效的媒体通道,把知识、观念和技能等远程传送给教育对象,教育者和受教育者之间还能实时进行双向交流活动。网络能够使每一个人都能随时随地将文本、声音、图像、电视信息传递给设有终端设备的任何地方、任何个人。开展思想政治教育,也是信息的获取、选择和传播的过程,就是用丰富、正确、生动的信息影响人们的思想观念价值观念,改变人们的精神状态的过程。

第三，网络具备思想政治教育功能所需的特质。判断事物的价值通常要考察其功能，从现有网络的应用中我们不难发现，网络具有上传、下载、存储、传播和感化（熏陶）的功能属性，如果以同样的视角去审视思想政治教育，我们会发现，思想政治教育的过程就是传播信息、接收信息、内化信息和外化信息的过程。网络具有思想政治教育过程需求的全部结构要素，网络与思想政治教育的结合有着天然的基础。

第四，网络和思想政治教育运行机制的相似性。网络可以传播信息和情感，而思想政治教育则是传播信息和情感的过程。网络和思想政治教育在功能属性和社会属性上的一致性，使得网络可以承载思想政治教育信息，并容易为思想政治教育者操作。网络可以把思想政治教育的主体和客体联结起来，思想政治教育的主客体可以通过网络进行互动。既然网络同样可以具备"教育者—交流沟通—受教育者—信息反馈—教育者"这一思想政治教育基本环节，那么在网络空间里开展思想政治教育就一定会收到实实在在的效果。

第五，思想政治教育与网络面临的诸多挑战具有相似性。毋庸置疑，网络在给人们的工作生活带来极大便利的同时，由于其特殊性，对人们的认知、思想、观念、道德、行为等方面也造成了一定的负面影响，这就要求我们对这些现象也要给予高度的重视，并采取有效的措施、科学的方法加以解决，以帮助网民树立正确的网络道德观，健康文明地上网，消除一些网民身上出现的网络成瘾现象、网络心理问题、网络道德失范、网络犯罪等现象，这都是网络思想政治教育的题中之义，而不能仅仅把网络简单地等同于一种开展思想政治教育的手段，否则网络思想政治教育就达不到应有的目的。

第六，网络思想政治教育具有双向互动性。网络思想政治教育是一种虚拟实践活动。所谓虚拟实践，就是指人们运用虚拟现实技术在计算机网络空间中，有目的地进行的能动改造和探索虚拟客体的一切客观活动。网络思想政治教育就是在这样一种环境中开展的一系列活动。网络思想政治教育是一种网络传播。网络传播将人际传播和大众传播融为一体。网络传播兼有人际传播与大众传播的优势，又突破了人际传播与大众传播的局限。网络传播具有人际传播的交互性，受众可以直接迅速地传播信息、发表意见。同时，在网络传播中，受众接受信息时有很大的自由选择度，可以主动选取自己感兴趣的内容。因此，网络思想政治教育是一种网上双向互动的实践活动。传统的思想政治教育一般是单向传输，而网络思想政治教育活动则具有双向交互性。双向互动是传统思想政治教育和网络思想政治教育的最大区别，这充分显示出网络思想政治教育的本质特征。

第七，网络思想政治教育不仅包括思想教育、政治教育、道德教育，还包括信息素养教育。网络思想政治教育除了培养网民的思想政治品德之外，还要培养他们的信息素养，这是传统思想政治教育所没有的，也是思想政治教育在教育内容和培养目标上的发展。信息教育要培养的是网民的信息素养。所谓信息素养，一般是指个体能够认识何时需要信息，能够检索、评估和有效利用信息的综合能力。信息素养作为一种高级的认知技能，同用批判思维解决问题的能力，共同构成了受教育者进行创新和学会如何学习的基础。信息素养是每一个社会成员终生追求的目标，是信息时代每一个社会成员的基本生存能力。多媒体和信息高速公路将成为信息时代重要的物质基础和社会条件，成为使人类走出工业文明、步入信息时代的两个最重要的技术杠杆。而适应多媒体和信息高速公路所创造的数字化生存新环境，则成为每一名社会成员必须具备的基本生存能力，成为进入信息时代的"通行证"。因此，把培养网民的信息素养作为网络思想政治教育的一个重要目标是理所当然的，也是时代发展的必然要求。

从广义上为网络思想政治教育下定义具有重要意义：一是改变了过去人们仅从工具视角给网络思想政治教育下定义的做法，而是从人的本质发展的新维度深刻揭示了网络思想政治教育的本质。二是为网络思想政治教育研究打下了坚实的基础。概念是人类理论思维最重要的工具，人类意识以概念形式抽取和概括出事物中一般的、必然的、稳定的、本质的东西。网络思想政治教育研究是一种科学研究，科学研究的主要任务就是用概念揭示事物的本质。而网络思想政治教育的概念是对思想政治教育实践活动共同的、本质特征的反映，是网络思想政治教育研究理性思维的起点。所以这个概念的界定为网络思想政治教育研究打下了坚实的基础。三是为规范网络思想政治教育活动的各种称谓(如网络思想教育、网络理论教育、网络法制教育、网络伦理教育、网络道德教育、网络德育工作)奠定了牢固的基础。四是对网络思想政治教育概念进行界定,是概念的灵活性和可变性的重要表现。概念的灵活性和可变性的重要表现就是随着人类实践和认识的发展而不断获得新的内容,制定新概念、抛弃旧概念、改造原有概念就是概念变化、发展和更新的几种情况。实践和科学知识的内容扩展到前所未有的领域时,会形成新的概念。确立网络思想政治教育的新观念是网络思想政治实践进一步发展的首要任务。人类社会的每一次重大变革,总是以思想的进步和观念的更新为先导,任何精神生产和活动内容及其方式的进步,总是伴随着人的思想和观念的进步。作为一个生产精神产品的新鲜事物,同时也作为一种新型的精神生产力,网络思想政治教育也不例外。网络思想政治教育的建设,同样离不开人们思想的不断解放和观念的不断更新。我们要接受这样一个新事物,就要有与之相适应的观念,就要尽快确立网络思想政治教育的新观念。

二、网络思想政治教育的发展状况

(一)网络思想政治教育个性化

人的个性化的发展,需要个性化的网络思想政治教育。人的个性化发展主要有以下一些需求:一是大量可供自主选择的思想政治教育信息;二是提供自主参与思想政治教育实践活动,特别是创造性活动的广阔舞台;三是有足够的自由时间参与思想政治教育活动。只有具备了这样一些条件,思想政治教育才可能成为自由自觉的活动,才能促进人的个性化的发展。

互联网技术的发展,为网络思想政治教育个性化提供了条件。互联网传播是一种分布式网状传播结构,这种传播结构使互联网具有开放性、交互性、虚拟性、快捷性等特性。开放性使它的任何一个网状传播结构都能够生产、发布信息,所有网状传播结构生产、发布的信息都能够以非线型方式流入网络之中,因而人们可以自主地选择或发布思想政治教育信息;交互性使数以万计的受众可以同时直接地反馈信息、发表意见,这就从根本上改变了传统思想政治教育交互的局限性;虚拟性为主体的创造性活动提供了最好的舞台;快捷性则为人们参与思想政治教育活动提供了更多自由可支配的时间。

可见,人的个性化的发展,呼唤网络思想政治教育的个性化,而互联网又为思想政治教育的个性化提供了条件或可能,因而网络思想政治教育个性化是必然的发展趋势。

(二)网络思想政治教育社会化

一方面,思想政治教育的发展呼唤网络思想政治教育社会化。网络扩大了思想政治教育的覆盖面,提高了教育的实效。但是,网络思想政治教育也面临着一系列问题,比如在内容上存在着社会不断涌现的新情况、新问题与相对滞后的教育内容的矛盾。如何根据形势发展变化带来的新情况、新问题,及时调整、充实教育内容,使其与变化了的社会现实相适应,这是网络思想政治教育必须解决的课题。再比如,在网络思想政治教育形式上存在着全方位、多层次的社会影响与思想政治教育途径相对狭窄的矛盾。随着现代信息传播工具的广泛应用,影响人们思想的信息渠道也越来越多,既有积极的,也有消极的。如何及时消除消极的社会影响,这是网络思想政治教育必须解决的又一问题。思想政治教育从根本上来说,就是做人的思想转化工作。因此,网络思想政治教育要面向网络社会求发展,要渗透到社会生活的各个领域中去。而要做到这一点,就要改变只依靠网络专门部门和专业工作者的状况,实现教育的社会化,依靠社会各方面的力量来开展网络思想政治教育。

另一方面,互联网技术的发展为网络思想政治教育社会化提供了条件。一是提供了丰富的资源。互联网能够实现文化信息的全球一体化。并且,互联网上所有文化产品的供应都没有配额,不受数量的限制,也不受供应时间的限制。二是提供了途径、方式和方法。随着各种局域网、城域网同国家级现有的四大骨干网络(即中国公众多媒体互联网、中国教育科研网、中国科学技术网、中国金桥信息网)相联通,并通过电信部门的4

个出口与互联网相连,从而使网络思想政治教育进入社会的各个方面,并初步形成了多途径、多形式的立体式格局。

(三)网络思想政治教育生活化的发展趋势

人的生存方式的发展,需要网络思想政治教育生活化。互联网的迅速发展,使人们生活在两个世界:一个是现实世界,另一个是虚拟世界。在虚拟环境中,网民的真实身份被虚拟化了,网民的地位是平等的。在这种情况下,网民对网络思想政治教育信息的吸收是一种自主选择。因此,只有把网络思想政治教育信息与网民的各种生活信息紧密结合在一起,网络思想政治教育才能收到实效,也才有旺盛的生命力。

互联网技术的发展,为网络思想政治教育的生活化提供了条件。互联网1994年进入商业营运以来,由于需求不断增加,新的技术及其应用不断拓展。现在,电子邮件、远程教育、电子商务、电子政务、网络社区、网络新闻、网络游戏等技术的日益广泛应用,使人们的生产、学习、生活和休闲方式发生着深刻变化,同时也为网络思想政治教育的生活化提供了技术支持。随着网络技术的不断发展,信息终端将无所不在。因此,可以预料,随着人们生活网络化的拓展,网络思想政治教育的生活化将不断得到提升。

(四)网络思想政治教育制度化的发展趋势

毋庸置疑,网络思想政治教育环境的治理需要制度化。开展网络思想政治教育首先要治理好网络思想政治教育环境,这是基础工程。网络在给网民带来大量有用信息的同时,也带来了许多消极的信息和不良影响,比如虚假信息、经济诈骗、"黑客"侵入和病毒传播等。要改变这种局面,维护好网络秩序,净化网络环境,需要借助制度的强制性,特别是法律法规的限制。完备的法律、法规是有效管理网络,预防、遏制各种不良行为的关键。

同时,网络思想政治教育途径的实现需要制度化。网络思想政治教育的基本途径有两条:一是建立思想政治教育网站。它可以提高网络思想政治教育的系统性、及时性和影响力。但要建好思想政治教育的专门网站,就必须以制度为保障,切实解决好网站的地位、功能、目标、内容、队伍、经费等一系列问题。二是将思想政治教育信息渗透到各项业务信息中去。要把思想政治教育信息与各项业务工作信息有机结合起来,让网民在不知不觉中获取、吸收思想政治教育信息。而要做到这一点,就必须依靠制度的约束力,使思想政治教育信息与业务工作信息结合成为可能。

第二章 高校网络思想政治教育的内涵与功能

第一节 高校网络思想政治教育的内容与原则

一、高校网络思想政治教育的主要内容

网络思想政治教育是现代社会信息技术的产物,它将思想政治教育与互联网很好地结合在一起,将传统思想政治教育的工作范围、教育手段及方式进行扩展和延续。高校网络思想政治教育,是结合大学生个体特点,综合现代管理学、传播学、信息科学、思想政治理论,以互联网为纽带来实施的思想政治教育活动,是思想政治教育在互联网环境下的体现。高校网络思想政治教育的内容包含大学生日常学习生活的各个方面,不仅有对大学生上网活动的正确疏导,还有网下对其进行的心理咨询、答疑解惑等各种内容。按照思想政治教育内容的侧重点、目的性和对象的不同,网络思想政治教育可以分为网络思想教育、网络政治教育、网络心理教育、网络道德教育、网络素质教育几个部分。具体来说,高校网络思想教育的主要内容,是引导和帮助大学生树立马克思主义世界观。高校网络政治教育主要是利用网络向大学生正确地宣传党的理论、路线、方针、政策,帮助大学生树立正确的政治理论、立场和方向。高校网络心理教育就是大学生自觉地、主动地学习心理卫生知识,了解自身心理活动的规律和特点,认识心理健康的意义和标准,掌握心理调节的方法,为大学生形成健康的心理打下良好的基础。高校网络道德教育就是对大学生在网络活动过程中的道德观念、道德行为、道德评价进行正确的引导和规范。高校网络素质教育是以全面提高大学生的基本素质为目的,尊重

大学生的主体性和主动精神,着重开发大学生的审美、智慧和创新潜能为内容。这些内容相互衔接,共同构成高校网络思想政治教育的概念体系①。

二、高校网络思想政治教育的特点

高校网络思想政治教育在互联网迅猛发展的背景下应运而生,较传统思想政治教育而言,不单单是网络信息技术层面的领先,更重要的是它开启了新的网络教育模式、树立了网络教育新思想,出现了新的网络教育特征等。作为新兴的教育方式,它的教育特点如下:第一,教育资源的开放性。互联的信息资源可谓包罗万象,庞大的信息日益成为教育教学开放性的资源,高校对网络信息的利用从深度到广度都大大提升。第二,教育双方在主体间的相互融合性。高校在运用互联网对大学生进行思想政治教育的过程中,教育者和教育对象彼此的有用信息和思想观念会进行双向传输,两者的主体性也可以得到进一步融合。第三,施教过程中的互联互动性。高校网络思想政治教育能够顺利开展的条件之一,就是互联网具有极大的互动性,高校的教师、辅导员甚至是领导等采用网上聊天、动态评论等方式与学生进行日常的沟通交流,这时教育双方在网络环境中处于平等的地位,并且这种亲和力极强的方式带给教育双方一种优于面对面交流的互动性。第四,教育范围突破时间和空间的限制。网络思想政治教育打破了旧有的教学模式,通过互联网技术,不仅可以实现对教学内容的"隔空传送",而且还不受时间的限制,概括来讲,就是随时随地能在互联网终端上实现施教活动。第五,教育环境的虚拟性。高校教育者通过互联网平台和技术对大学生在特定的非现实环境中进行授教,开启了一个"现实—虚拟—现实"的新路径。将思想政治教育的相关理论知识移到网络中,利用信息技术对旧有的内容进行"包装",形成具有新的表现形式的内容,运用网络进行传播,这种虚拟性在一定程度上提升了思想政治教育的实效性。

---

① 李才俊,唐文武,陈盛兴,等.网络视角下的思想政治教育方法新探[M].成都:西南交通大学出版社,2014:57-60.

三、高校网络思想政治教育的原则

对于高校思想政治教育工作,我们不应该仅仅把它看作是一门课程,还要把它当作一种人生艺术去对待。这就需要高校教师有广阔的知识面,以便更好地去实现科学发展观的人本思想。笔者认为,育人、循序渐进和灵活性原则、广泛性和群体性原则及加强实践原则,是目前高校思想政治教育工作中尤为重要的几项原则。

(一)把育人作为第一原则

学校的第一工作要务就是教书育人,所以学校领导以及所有教职员工都应该把学生的德育培养放在第一位。对每一位教师而言,文化知识教育只是手段,对学生的德育培养才是真正目的。教师教学的任务不仅是授予学生文化知识和学习方法,同时还要让学生形成科学的人生价值观,培养学生高尚的品德修养。对于现在的唯知识论,我们要严厉地加以批判,这种思想是很狭隘片面的。在当今迅速发展的社会,许多大学生处于对前途感到迷茫的状态,所以要想成为优秀合格的大学教师,首先必须成为具有启发性思维的思想导师。

(二)循序渐进和灵活性原则

对大学生思想政治教育一刀切是教育的大忌,必须有目的、有计划地进行思想政治教育工作。大学生的思维能力相对而言已经很成熟了,有了自己的思想价值判断体系,思想政治教育就是要准确把握每个学生的思想脉搏,有针对性地灵活教育,这样才能达到预期的教育实效。现在的大多数大学教育中,还是以往的以教师为中心的教育模式,更多时候强调的是大学生如何对社会产生认同感,却没有考虑到大学生的心理状态。面对来自观念变革、学习、择业就业、经济、人际关系等方面的压力,再加上知识与素质、消费与经济能力、理想与现实等方面的矛盾,大学生心理状态极其复杂,高校思想政治教育就要从这些压力和矛盾出发,灵活、有针对性地解决问题。

(三)广泛性和群体性原则

大学生存在的思想问题,是思想、政治、文化、经济等多方面因素综合作用的结果,这些影响大学生思想政治教育的各种因素,都有着广泛性和群体性,所以仅仅依靠学校进行教育是不可能单独完成大学生思想政治教育的,必须获得来自家庭和社会等方面的支持,经过密切合作,共同对学生进行思想政治教育,才会取得理想的效果。在学校中要确立全新的教育观,以人为本,把学生素质教育作为一切工作的出发点和落脚点。每个教师除了做好本专业的教学工作外,还要完善自身的人格魅力,以此来感染和影响学生向好的思想方面发展。此外,学校还要调动所有的教育力量,建立全方位、全时间、全过程的育人工作机制;在家庭生活中,父母是孩子最好的老师,一个家庭的教育观念在学生的身上就可以体现出来,父母要建立科学的培养计划,促进学生优良品质和学习习惯的形成;在社会上,要进一步完善法制,规范学生行为,同时要对学校周边环境进行清理,避免社会上不良习气流入校园。要为大学生的实践活动创造安全干净的环境,保证大学生可以真正在社会上学到知识,进而完善自身人格。

(四)加强实践原则

实践是检验真理的唯一标准。"纸上得来终觉浅,绝知此事要躬行",高校不仅要让大学生学到系统的理论知识,还要积极引导他们深入社会去了解现实。现在学校组织的扶贫、支教、志愿服务、挂职锻炼及学生自主的社会调查、勤工助学都是很好的实践方式。通过社会实践基地的建立,已经有很多高校把大学生社会实践常有化。我们在此要注意思想政治教育与社会实践的结合,保证全面协调可持续发展的实现,注意两者的平衡关系。

思想政治工作中的这些原则我们必须认真贯彻落实,这样才能提高学生的思想政治觉悟。思想政治教育是党保持先进性的重要保障,同时也是成就人民伟大事业的生命线,大学生思想政治教育是其中最为关键的一环。全国所有高校都要抓好大学生思想政治教育工作,保证向社会输出一支有思想、有文化、具有良好职业道德素质的优秀大学生队伍,这样才能为党和人民伟大事业的不断发展提供不竭的动力。

第二节　高校网络思想政治教育功能的内涵

一、高校思想政治教育功能的定义

（一）功能的定义

如果我们想要对"高校网络思想政治教育功能"这一概念进行透彻的研究，那么我们就要先了解"功能"这一概念是什么意思。学者对这一词语的理解角度是不同的，不同的解释会影响下一步研究的思维取向。

最早在物理学中出现过"功能"这一概念，随着人类社会的进步和发展，"功能"一词逐渐被引入到社会科学中来。法国社会学家埃米尔•涂尔干最早使用了这一词语。

那么，"功能"到底是什么意思呢？《现代汉语词典》给出的解释为："功"是指"成效或者能表现出来成效的事情"，"能"是指"能力"或者"才干"的意思，合起来组成"功能"一词，也就是"让方法或者事物发挥有利的作用；效能"的意思。《辞源》给出的解释比较简洁，直接认为"功能"就是"效能""才能"或是"功绩"的意思。

从哲学的立场来说，"功能"和"结构"是一组相对词语，它是指那些具有特定结构的事物或系统，在外部与内部的联系中所表现出来的一种能力和特性。关于"功能是什么"这一问题，哲学界分为主观论和客观论两种看法。主观论者将功能和目的等同起来，强调功能的主观性，将功能和目的两者等同，认为它们之间是相互可以互换的；客观论者则认为功能与其他事物是一样的，都是客观存在的，它是不以人的意志为转移的。许建宝认为以上这两种观点都是片面的，应该将两种观点结合起来，功能本身来说的确是客观的，但功能的发挥却是主观的[①]。

在现实生活中，人们也常常把"功能"与"价值"和"作用"等相近概念混为一谈，但实质上它们是不能等同的，价值和功能内在虽然具有一致

[①]许建宝. 微时代背景下的高校思想政治教育[M]. 长春：东北师范大学出版社，2017：75-79.

性,但价值的实现却是以功能的发挥为前提条件的;作用与功能就更好区分了,作用是有正反两个方面的,有好的一面也有不好的一面,但功能就仅仅是指事物发挥出来的积极的一面。综上,笔者认为功能就是指能够让某个事物发挥其所特有的技能和才能的意思,是指事物本身所潜在具有的特殊的能力或效用,这种特殊的能力或效用在与外部客观环境的相互作用的过程中,能够产生对人或者对社会积极向上的一面。

(二)高校网络思想政治教育的定义

思想政治教育工作就其实质来说是一种社会活动,这一社会活动始终存在于人类社会历史的发展中,存在于人类社会中的不同阶级和不同阶段。从阶级社会产生之时开始,思想政治教育就被作为一种统治手段,统治阶级利用其去规范和引导社会中的被统治成员,对社会成员的思想和行为习惯产生影响,以期能够达到巩固统治阶级统治地位的目的。这是由于思想政治教育具有教育方式的持久性、教育效果的深刻性、教育手段的非强制性的特点,能在潜移默化中、不激发社会矛盾中,引导和规范社会成员往其预期的社会需要方向发展。与强硬的政治统治相比,这更像是一种软权力,思想政治教育中的教育者对教育对象的价值观和思想行为观念进行引导、规范和说服,使教育对象在其行为习惯和思想思维上,能够按照统治阶级的目的进行思考和行动,使之符合社会发展阶段的需要,以达到最终的教育目标。

高校思想政治教育就是一种教育工作,高校是教育的主阵地,大学生是主力军,这是教育工作者对大学生进行思想政治教育的工作,对大学生的思想观念、政治意识、道德规范等进行有计划、有目的的影响活动,努力引导大学生的行为习惯和思想认识符合社会发展的需要。

综上所述,高校网络思想政治教育就是指,高校借助校内的网络平台(校园网、博客、官方微博、QQ等)的方式,利用多媒体和计算机,让大学生能够在网络中客观、正确地吸收掌握学习资源,而对大学生进行思想政治教育的一种方式。就目前而言,我国高校中的网络思想政治教育的基本格局已经形成,网络为高校思想政治教育工作提供了很大的自由空间,促进了大学生与教育工作者之间的联系,也对思想政治教育工作提供了很大的便利。

（三）高校网络思想政治教育功能的定义

通过前面的分析和论述，我们已经了解到什么是功能，理解了高校网络思想政治教育的定义，那么高校网络思想政治教育功能的定义也就不难解释了。

思想政治教育本身就是一项普遍的社会实践活动，其本身也具有突出的特殊性功能。通过前面对功能的解释我们可以知道，思想政治教育功能能够产生积极有利的作用，从本质上来说就是教育工作者对其教育对象所产生的一种积极效果或者说是有利的作用。

思想政治教育功能是思想政治教育本质的外在体现和集中表露，是思想政治教育得以存在和发展的重要基础。这就不难理解，为什么我们会说思想政治教育功能的发挥程度，将直接决定着思想政治教育整体功能的发挥，并且，功能的有效发挥也关系到思想政治教育价值的实现程度。

思想政治教育功能从类型上划分可以分成两大部分：一个是个体性功能；另一个是社会性功能。从表面意思来说，思想政治教育的个体性功能主要是针对受教育者个人而言，是指思想政治教育对个人发展方面产生的影响，或者是所能起到的有利效果，这其中包含了个体的生存功能、个体的发展功能以及个体的享用功能；同理，思想政治教育的社会性功能就是针对我们整个社会而言的，是指思想政治教育对社会的发展能够起到的一个进步影响，具体包括社会的政治功能和社会的经济功能还有社会的文化功能等。

思想政治教育的个体性功能和社会性功能是相互作用、相互依存的关系，两者的相互结合也推动着思想政治教育价值的实现。

如今，随着科技的发展、网络的普及，网络依靠其突出的优势应用于社会发展中的各个领域，新鲜事物对大学生的吸引力很强，高校思想政治教育也已经从单纯的老旧的灌输模式逐渐转变为传统与网络相结合的新模式，高校思想政治教育在应用网络的过程中，其功能的内涵也得以丰富。我们根据上述关于功能的定义来说，高校网络思想政治教育功能，其实就是指在高校中网络对青年大学生的科学文化素质和思想政治素养的一个推动作用,从而使大学生能够养成良好的行为习惯,具备更好的思想政治素养。具体来说,就是借助网络平台,高校思想政治教育功能在发挥过程中,对大学生进行教育信息的传递,并在教育过程中对他们产生有利的影响,对青年大学生的科学文化水平和思想政治素养起到一个积极的影响或引导作用,帮助他们形成符合社会发展需要的思想品德和行为习惯,引导教育对象的思想品德和行为习惯,在发展水平上由不平衡的发展转化为平衡的全面发展,在发展方向上由发展的不一致性转化为发展的一致性的一种反复矛盾活动,并在这种反复矛盾的运动过程中,提高教育对象的思想品德水平,逐步实现教育者的教育目标。

综上所述,把高校网络思想政治教育功能定义为:高校网络平台中所具有能够培育大学生高尚的道德情操、扎实的政治素养、自觉的守法意识、良好的道德品质的特性和能力实践特性。

二、高校网络思想政治教育功能的表现形式

高校网络思想政治教育功能可以表现为两种形式:一种是高校网络思想政治的一般功能,主要有导向保证功能、情感疏导功能、凝聚激励功能和关爱育人功能;一种是高校网络思想政治的特殊功能,主要包括沟通互动功能、覆盖渗透功能、预测预防功能。

(一)高校网络思想政治教育的一般功能

1.导向保证功能

本文中的导向保证功能是指高校借助校园网络平台对在校大学生的思想观念、行为习惯等进行有效合理的引导,使其形成正确的三观(世界观、人生观、价值观),从而发展成符合社会需要的人才。大学生离开了原有的生活环境,离开父母和亲友,作为一个独立的个体生活在大学校园中,大学校园对于他们来说就是一个社会,因此,高校网络思想政治教育功能的有效发挥,能够帮助大学生树立正确的思想观念。高校网络思想政治教育功能发挥过程中的导向保证功能主要有理想信念导向保证功能、奋斗目标导向保证功能、行为规范导向保证功能。

（1）理想信念导向保证功能

高校通过网络思想政治教育，引导大学生理解国家政策和发展方向，帮助大学生形成正确的理想信念。大学生也是社会的成员，在遇到现实问题时总是会根据自己的理想信念去评价事物，通过自己的理解去对实际问题采取相应的态度和行为。大学生在进入大学以前都是由家长为其操心着方方面面，对于现实生活中的事物没有什么自己深刻的认识和理解，在初中时虽然也有政治课的设置，但当时的年纪对抽象的概念、观念也很难理解。到了大学阶段，大学生开始独立生活，自身也开始独立思考，思想政治教育就显得尤为重要，这对树立大学生正确的理想信念有着非常重要的作用。如今网络遍布人们的生活，新奇的大学生更是离不开网络，高校网络思想政治教育更符合大学生的口味，也更容易让学生接受。所以说，在高校网络思想政治教育功能发挥的过程中，有着理想信念的导向保证功能。

（2）奋斗目标导向保证功能

奋斗目标导向保证功能是高校网络思想政治教育功能发挥过程中的又一重要功能。任何人想要实现自己的价值都会有一个时刻激励自己的目标，从而朝着这个目标去努力、去奋斗，大学生更不例外。在校大学生正处于青春年华，身体、思想等各方面都是最活跃的时候，将奋斗目标与理想信念相结合，更能激发大学生实现自己价值的动力。一般来说奋斗目标有两个方面：一个是社会目标，就是高校将大学生培养成符合社会发展需要的人才，为国家的社会建设贡献自己的一份力量；另一个是个人目标，简单来说就是想做一个什么样的人，并以此为目标不断奋斗，实现自己的价值。高校通过网络思想政治教育，对大学生进行正确的、充分的引导，让他们认识自己、了解自己，并为自己的目标而奋斗。

（3）行为规范导向保证功能

人们常说的行为规范，其实就是指按照党和国家的要求，结合社会发展的实际需要，用法律、道德的标准去约束人们，使之形成符合社会发展的行为。那么行为规范导向保证功能就是对这一行为进行引导和导向的功能。大学是一个相对自由的环境，不会再像小学或初中时期那样由教师盯着去指正。大学生虽然已经是成年人,但在一些行为习惯上仍然充斥着随意性的感觉,高校网络思想政治教育就会对在校大学生进行行为规范的引导,这也是社会发展的需要。

2.情感疏导功能

这里的情感疏导功能是指高校思想政治教育借助网络交流平台,将学生的客体地位提升,将教育者的主体地位减弱,结合网络的虚拟性和现实的实际问题,让学生主动选择寻求帮助的方式,以达到对学生的疏导功能。

(1)实现双向交流

大学时期是大学生渐渐走向成熟的重要时期,脱离了家庭呵护的大学生面对一些现实困扰会显得茫然无措。学校就是一个小社会,在这个小社会中,大学生会遇到学习上的困扰、人际交往上的困扰或者感情上的困扰,如果教育者没能及时发现这些问题,学生又不好意思去向教育工作者寻求帮助,那么就很容易产生心理上的疾病或者困惑,这些都会对大学生的身心健康造成负面影响。高校网络思想政治教育以网络平台为依托,教育对象在遇到困难时可以及时地向教育工作者寻求帮助,让教育工作者对自己的问题进行疏导,实现网络思想政治教育的双向交流。

(2)实现"私信"交流

朋友圈、贴吧、微博、校园网,这些都是对大学生进行网络教育的平台,在这些教育平台中都有一个共同的特点——都是"私信"方式的交流。区别于传统的面对面交流,这种"私信"方式更容易让教育对象接受,没有心理负担。教育对象在学业上或生活中遇到困难时,可能因为面子或者本身就比较内向不善于表达的原因,不敢或者不愿意直接向教育工作者面对面地寻求帮助,网络思想政治教育的虚拟性可以帮学生实现背对脸式的"私信"交流,这在一定程度上可以避免学生的尴尬,也有利于学生打开心扉,这样教育工作者才能针对问题对教育对象给予帮助、进行疏导,引导学生有效解决问题。

3.凝聚激励功能

凝聚激励功能就是高校网络通过发布正面信息激发大学生、鼓励大学生,通过教育信息中的积极力量和模范作用凝聚大学生的心,使教育对象与教育者提供的教育信息达成一致的功能。

(1)发挥榜样作用,凝聚力量

在网络时代,英雄模范的榜样力量很重要,大学生的思想非常活跃但又不够成熟,可能私下有喜欢的偶像或者崇拜的草根英雄等,这些对大学生的日常行为习惯都有非常大的影响。若这个英雄模范人物的行为是值得推崇的,那么就会给教育对象带来积极的影响,反之,则会给教育对象带来负面的影响。高校应该充分利用英雄模范人物的积极影响,凝聚学生的心,使之形成一股积极向上的力量,以此去影响"沉默"的另外一些学生。学校也可以通过对英雄模范人物的行为进行评析,或对一些事件的看法进行跟进和转发,让校园形成一股正能量,最终实现对大学生的正确引导。

(2)传递正面信息,激励人心

网络信息海量推送,高校网络要通过对信息的筛选,将正面的、积极的、向上的信息进行转发和发布,并对转发或发布的正面教育信息进行分析和评论,并让教育对象参与到这个过程中来,只有大学生设身处地地参加了、融入了,才能产生深刻的印象,才能引导大学生形成正确的三观,激发学生正面的、积极的情感,实现激励人心的功能。

4.关爱育人功能

关爱育人功能就是指通过网络思想政治教育对大学生进行培养,提高大学生网民的思想政治素质,完善大学生网民的人格功能。

(1)努力满足大学生网民的相关需求

大学生是网民的重要组成部分之一,有现实的物质需求,也有虚拟的精神需求。高校网络思想政治教育可以通过很多方式实现,比如贴吧、官方微博、校园网等。学生如果对学校的硬件设施不满意或有什么好的建议,可以通过相关渠道对学校提出意见,这是学校努力满足大学生网民物质上的需求。精神需求是更高的目标,大学生是一块吸收海量信息的海绵,学校有责任也有义务为大学生提供优质的精神食粮,大学生如果对学校的其他方面有疑问,也可以通过这些渠道寻求一对一的帮助。

（2）完善大学生网民的人格

引导大学生网民在社会发展中实现其自身的价值，形成符合社会发展需要的道德品质、思想行为习惯、业务能力水平等，是高校网络思想政治教育的又一重要使命。高校网络思想政治教育通过对大学生网民的教育和引导，使之形成一个较为完美的人格，时刻保持一颗积极活泼的心，这样才能促进大学生人格的全面发展。

（二）网络思想政治教育的特殊功能

从整体上来说，网络思想政治教育所具有的特殊功能主要包括如下三个方面。

1. 沟通互动功能

随着互联网技术的发展和基础网络设施普及率的不断提升，网络已经成为当前人际沟通的重要工具，无论是在沟通的深度上还是沟通的广度上，都得到了进一步的加强，网络本身所具有的强大沟通、互动功能值得人们给予应有的重视和肯定。必须认识到，网络完美地将私人空间和公共空间有机地整合起来，为沟通、交流活动的开展提供了强有力的支持。

从本质上来说，网络技术的发展是科技和心理相结合的新的渐进式革命。而网络人际沟通中，个人以局部参与互动，这一行为实际上是一种基于个人自我认同的互动，不过真实世界中的身份在某些情况下也会成为这种互动的重要推动力量。与此同时，网络所具有的一系列多媒体特性，实际上也同样为人们开展互动行为提供了必要的支持。传统的人际传播从本质上来说是一种点对点的对话式传播模式，而传统的大众传播则是点对面的独自式传播模式。网络的出现，无论是人际传播还是大众传播都受到了极大的影响，由互联网衍生而来的电子交互式的网络传播，不仅具有传统的人际传播和大众传播所具有的一系列优势，同时也是一种创造性的沟通方式、方法。从这一角度上来说，网络具有共同互动功能。

所以，可以将网络媒体的互动沟通功能进一步解读为：不仅为沟通活动的开展提供技术支持和技术平台，同时也可以有效地引导使用者提高加入互动讨论活动中来的能力。当前互联网技术下,交互式电视、电脑查询、交互式CD、电子游戏、网络聊天平台等,都是非常常见的交互性形式。在本文中的网络思想政治教育也同样是一种基于互联网特性而存在的社会互动沟通。在美国社会学家T.帕森斯的研究成果中就重点强调:"只有实现了由一个有机体到另外一个有机体的传递,并包括信息符号文化意义,才可以被称之为互动活动。"同样也有学者认为,从本质上来说,传播是一种以信息为基础的社会相互作用的过程,因此可以进一步将社会互动和沟通解读为具有文化意义的信息传递过程,这是保证人们顺利沟通的重要基础和前提。而这里所强调的网络思想政治教育,在某种意义上来说同样也可以理解为是一种具有一定特殊性的远程信息传播力和通信过程。也就是说,以某些特定的媒体通道为基础,将观念、知识以及技能等从一个物理地址转移到另外一个物理地址的过程,从而为教育者和受教育者之间开展的双向交流提供支持的过程。与此同时,思想政治教育本身所具有的特殊性,决定了它同样是一个情感传播的过程。我们可以将网络思想政治教育理解为以网络为基础的思想政治文化的传播过程,是一种不受时间和空间束缚的情感传递、互动行为。

从这一角度来说,网络思想政治教育本身同样具有不容忽视的社会互动的沟通、交往方面的意义。而想要将网络思想政治教育的沟通互动功能从真正意义上的维度发挥出来,就必须对不同类型、不同方式的网络互动形式给予应有的关注和重视。

2.覆盖渗透功能

这里所强调的覆盖,主要是指蒙盖、覆盖的意思。而网络思想政治教育所具有的覆盖和渗透功能,主要是指由于利用网络所提供的便利条件,促使海量的网络用户接受网络思想政治教育的内容并受到感化、影响的功能。而网络思想教育之所以能够表现出覆盖渗透的功能,主要原因在于其载体——网络本身就具有这样的功能和作用。

网络可以覆盖无限宽广的空间,可以在短时间内向全球各地同时传递信息。这种传播的全球化特征,可使各地用户同时享受来源于各地的信息。而网络本身强大的空间拓展能力,在客观上极大地提升了媒体的影响力。传播空间的广泛拓展，实际上直接导致所有网络用户都难以规避网络媒体对自身的生产、生活所带来的直接或间接的影响。居住在"地球村"中的所有居民都可以随时随地享受网络信息资源。思想政治教育在借助网络发展带来的便利的同时，时间和空间对其的束缚也在不断削弱。传统的思想政治教育多以一对一的形式开展，如面对面谈心等，可以有针对性地解决受教育者的思想问题。但是这种交谈的内容局限于特定的时间和空间之中，无法为有相同问题的人提供支持。而为了拓展思想教育的覆盖面，教育者往往采取访谈、作报告等形式拓展其影响，但是也同样受到时间和空间的限制，整体效率和覆盖面仍然非常有限。而随着网络的发展，思想政治教育的覆盖面得以进一步拓展，上述问题将迎刃而解。正面思想也完全不受时间和空间的限制，而发挥更为广泛的作用、得到更为广泛的传播。当然，上述效果的顺利实现，要求受教育者必须有相应的网络使用条件，并通过更为积极的方式方法来强化宣传等。

基于上述情况，网络思想政治教育的覆盖能力更为强大。同样，人们也可以充分利用网络来提升思想政治教育的整体效果，如制作图文并茂的网页以宣传习近平新时代中国特色社会主义思想等。网络覆盖面的不断扩大，直接推动了思想政治教育创新层面的拓展，让思想政治教育的影响力不断扩大、吸引力不断加强。因此在今后的发展过程中，思想政治教育工作者应积极主动地将思想政治教育和网络相结合，让所有网络访问者都可以将其内化于心、外化于行。

3. 预测预防功能

这里所指的预测，可以理解为"鉴往知来"，也就是通过对过去事情的深入调研、分析、总结，总结出其内在规律，并以此为基础对未来事物的发展方向加以预测的过程。而预防则是在预测的基础上，对未来可能发生的思想问题等提前做好应对措施，规避其发生或者预先将其负面影响控制在可以接受的范围之内。

这里我们之所以说网络思想政治教育具有预测、预防功能，主要是由于：首先，网络思想政治教育本身具有科学预测的条件。一方面，网络思想政治教育的调查者具有主观上的条件，掌握了一定的理论基础和逻辑推理能力,可以通过辩证思想去观察、去思考思想政治教育过程中所遇到的一系列问题;而在另一方面,具有思想信息资料方面的条件,不仅掌握了海量的思想信息历史资料,同时所掌握的大量一手现实思想信息资料也同样值得肯定。除此之外,对于环境的熟悉,尤其是对国内、国外政治环境的熟悉,更是为预防、预测工作的开展奠定了坚实的基础。而对于预估对象生产、生活面貌的了解,更是让预测行为变得有的放矢。而网络思想政治教育也同样具有科学的思想预测的条件,不仅网络思想政治教育工作者本身拥有坚定的马克思主义信仰,而且在专业知识、马克思主义基本原理等方面均有一定的过人之处;另外,在分析研究、突发事件应急处理、数据分析、网络操作等方面的技能也较为成熟,因此完全可以提供强有力的预测。

网络思想政治教育本身具有社会预测、预见的功能,而以此为基础,根据预测、预见的结果及时做好应对措施,无疑可以实现有效的预防作用。这里我们所介绍的预防功能,主要是指通过针对性的方式方法,将预见的思想问题加以有针对性的处理,提前做好有针对性的教育工作,防患于未然。这不仅可以有效地帮助广大网民舒缓身心压力,同时对于导致网民心理健康问题的社会因素,也同样有一定的调节作用。通过针对性的思想政治教育,为广大网民提供有效的心理教育,为其身心疾病的发生提供预防功能。网络思想政治之所以能够具有预防功能,最为核心的原因在于网络为思想政治教育工作者提供了必要的预警能力和预警技术。网络在不断发展的过程中,表现出强大的开放性、及时性以及交互性,而这些特征为思想政治教育工作者及时掌握大量一手思想动态提供了强有力的支持,这不仅为思想政治教育工作者视野的拓展提供了强有力的支持,同时对于他们更好地掌握师生思想问题也奠定了坚实的基础,是提升教育者和受教育者之间沟通效率的有效途径之一。

三、高校网络思想政治教育功能的主要特征

随着社会的发展与进步,网络已经成为人们必不可少的一项生活内容,高校网络思想政治教育也表现出了多元性、动态性、渗透性和隐匿性的特点。

（一）高校网络思想政治教育功能携带信息的多元性

相对于我们之前传统的思想政治教育而言，网络思想政治教育有了很大的进步，高校网络思想政治教育功能也是多方面的，与以往的传统功能相比，高校网络思想政治教育功能所携带的信息显得更加丰富、更加多元化。多元性是高校网络思想政治教育功能最首要的特点。网络的多样性、多元化的特点，决定了高校思想政治教育功能的多元性特点。网络本身的功能特征就有很多方面，它强大的传播手段和便捷的传播方式，对高校思想政治教育信息的传递，产生了重大的影响并起到了重要的作用；网络的多渠道沟通，联络的高效性，也让教育者与被教育者能够及时并且平等地对话。网络的应用方式非常灵活，其应用方式的多元化也带来了高校网络思想政治教育功能携带信息的多元性。

（二）高校网络思想政治教育功能的动态性

任何事物都在不断变化发展着，我们深知这一道理，高校网络思想政治教育功能也是如此。从最初的网络刚刚出现，到现在的网络普及，这本就是一种发展，相应的，与网络相匹配的便捷也会随之而发展，高校网络思想政治教育功能也一样，所以，动态性便是高校网络思想政治教育功能的第二大特征。就目前而言，网络已经发展得相对比较成熟，但未来网络的发展依然会有很大的空间，社会在不断进步，网络在不断发展，这也对思想政治教育日后的工作提出了新的要求，相应的，新的高校网络思想政治教育功能也会随之产生。人们对网络越来越熟悉，对高校网络思想政治教育功能的认识也越来越深，在以后的发展中，人们会从更多的角度利用和开发高校网络思想政治教育功能。就算之前已经产生了一些特定的、已有的或者相对成熟的高校网络思想政治教育功能，也有可能会随着新的变化、新的情况而做出新的改变或强化发展。此外，高校网络思想政治教育功能在不同的时期或者在不同的区域范围，面对不同的实际情况，也会根据实际做出相应的选择进行发展。总之，高校网络思想政治教育功能也是与时俱进的，是不断变化、不断发展着的，这就表现出了其鲜明的动态特征。

(三)高校网络思想政治教育功能的渗透性

网络的广泛普及使其已经渗透到了我们学习生活的方方面面,人们可能经常会有这样一个问题:我们是在网络里生活,还是在生活里网络呢? 不管怎样解答,毋庸置疑的是网络已经深入到人们生活中的每个方面了,它时时刻刻对人们产生着影响。

这种状态也显现出高校网络思想政治教育功能有着非常强的渗透性特点,网络以一种潜移默化的形式影响着人们,传统的思想政治教育里几乎都是刻意的、反复的、直面的一种灌输式说教,方法不得当的话很容易引起教育对象的反感和排斥,而网络的存在和它的表现方式让高校思想政治教育功能摆脱了这一困境。它能通过一种更轻松的方式、更活泼的行为来传递教育信息,营造一种愉快的学习氛围,润物细无声地影响着教育对象的观念选择,使得高校网络思想政治教育功能的发挥更和谐和自然,也能让教育者一步一步地实现其教育目的。

(四)高校网络思想政治教育功能的隐匿性

高校网络思想政治教育功能非常丰富,但这些丰富的功能却往往不容易被人所发掘,它一般都会隐藏在其核心功能之后,所以高校网络思想政治教育功能还具有一定的隐匿性。网络是新时代的代表,强大的传播效力和便捷的沟通方式被人们积极地利用,师生可以在网络平台上自由发言,便捷沟通,而且网络还具备一定的娱乐性,在一些情况下还成为师生间的一种消遣工具。我们往往会被这些外在显露的功能所吸引,而忽略了高校网络思想政治教育功能的一些其他特征和功能,隐匿性也是其重要的特征之一。

第三节 高校网络思想政治教育功能发挥的 有效路径

一、影响高校网络思想政治教育功能发挥的主要因素

高校网络思想政治教育功能的实现过程,其本质就是在现实社会的

背景下,教育者按照统治阶级或政策的要求传授针对教育对象的教育内容,用网络平台对教育对象进行思想政治教育的手段,再运用科学合理的教育方法,有计划地对大学生进行思想政治教育,达到预期的教育目标,完成统治阶级对培养人的道德品质的要求,教育对象又通过网络将教育结果反馈给教育者的一种双向交流教育过程。由此我们可以看出,高校网络思想政治教育功能的有效发挥,受教育者、教育对象、教育内容和教育方法的共同影响。

(一)教育者对高校网络思想政治教育功能发挥的影响

在高校网络思想政治教育功能发挥的过程中,教育者扮演的角色一般是高校思想政治课任课教师和高校思想政治教育实践的领导者,通俗来说,就是指任课教师和高校辅导员,他们同在高校教师队伍的行列里。教育者不仅要对网络教育的内容进行审查,还要肩负起传播网络教育信息的责任,这就要求教育工作者需要具备较高的思想政治素质,因为教育者的素质将直接决定着高校网络思想政治教育功能发挥的程度。

第一,教育者要具备较高的综合素质,综合素质包括思想品德、政治素养、人格品质、处理信息的能力等方面,其综合素质的高低与高校网络思想政治教育功能发挥的程度形成一个正比的关系。只有高素质的教育者才能具有较强的思想政治教学能力,才能达到教育对象对网络思想政治教育的期望,形成较好的教育效果。反之亦然。

第二,教育者要具备较好的网络思想政治教育的基本功底。教育者在网络思想政治教育的过程中是主导力量,教育者要善于在教育过程中发现学生的思想问题,并分析解决这些问题,还要准确地掌握教育对象的思想变化及思想波动,通过学生提出的问题或想法在网络上快速给予学生反馈,并相应地给学生提出意见和指导。教育者只有具备这些能力,才能够充分发挥高校网络思想政治教育功能的积极作用。

第三,社会的进步、网络的发展,也给教育者不断提出新的要求。网络资源丰富,信息中也夹杂着不良的社会思潮和西方意识形态,这就要求教育者在面对网络中出现的不良信息的时候,自己首先要有坚定的马列主义信念;现代大学生个性鲜明,乐于接受新鲜事物,这就要求教育者要尊重大学生的身份平等,让高校网络思想政治教育功能朝向积极的方面发展;新时代背景下,更要求教育者要时刻保持知识的新鲜性,与时俱进,保证工作的活力。

(二)教育对象对高校网络思想政治教育功能发挥的影响

高校网络思想政治教育功能发挥的过程中,还有一个重要角色就是教育对象,也就是高校里的大学生,他们负责接受教育者提供的网络思想政治教育的信息资源。教育者和教育对象在一起共同组成一个完整的教育活动过程,但是在高校网络思想政治教育中,教育对象已经不再是像以前那样被动地接受教育,对传授的教育信息他们已经具有了选择的主观能动性,与高校网络思想政治教育功能的发挥有着密切的联系。

第一,是群体规范的效果。这一效果是指由个体成员自发地组成某种小集体,这个小集体成员要遵守集体制定的行为规范。群体规范现象具有一定的强迫性质,像是一只看不见的手,默默地对成员施加一定的压力。在这个小集体里面,一般会有一些"意见领袖",这些"意见领袖"的生活经验、观点、方法和他们提供的网络教育信息,在小集体里都会产生很大的影响,所以,他们对高校网络思想政治教育功能的发挥也会产生一些特别的影响。这就告诉人们,在高校网络思想政治教育功能发挥的过程中,也要与群体规范的效果相结合,不能忽视这些特别群体的影响,要及时了解小集体的思想状况,根据实际情况,采取相应的、合适的教育方式,尽力去获得这些特殊集体的理解和支持,这样才能让高校网络思想政治教育功能得到更有效的发挥。

第二,是教育认知的效果。教育认知效果是指在教育者对教育对象进行思想政治教育过程中,教育对象对教育者所采取的教育方法和教育内容的认可程度与接受程度。简单举例来说,教育工作者如果在教育过程中,提供与教育对象观点一致的教学信息资源,那么教育对象就会乐于接受这些教育内容,并且可能会在精神上不由自主地选择自动接收。反之,如果教育工作者在教学过程中宣讲的教育内容与对教育对象的观点不一致或者说相差很大,那么教育对象就很有可能会对这些信息内容置之不理,甚至会对教育者的宣讲产生反感心理,或者教育对象在当时可能被迫接受了这些教育内容,但事后可能会产生一种逆反心理而对这些信息反对得更厉害。所以,在高校网络思想政治教育功能发挥的过程中,我们要与这一效果结合起来,当教育对象对学校网络思想政治教育的教育方法或者对教育者宣讲的教育内容不认可的时候,教育者不能直接进行打压,而是要在第一时间搞清楚学生的整体思想情况,了解教育对象的思想波动,因人施教。

第三,是个性心理的效果。个性心理就是教育对象的个性心理差异现象,具体表现为相同的教育内容,一部分教育对象可以很快接受,但还有一部分教育对象依然会坚持自己的观点。有研究表明,在日常学习生活中,比较冷漠的人或者说不合群的人,不太愿意接受别人的说服;公然表现出自己对他人敌意的人,听从别人意见的可能性就很小;有部分学生往往对自己没有自信,也有学生可能会自卑感比较重,这类学生会比较容易接受别人的意见;学生中,性格开朗的比性格内向的更容易被说服;还有一种是对周围事物比较敏感的学生,或者想象力比较丰富的学生,在一般情况下也比较容易听从别人的劝说。所以,在高校网络思想政治教育功能发挥的过程中也要与个性心理这一效果相结合,针对大学生的心理差异和个性特征,针对大学生不同的实际情况采取不一样的教学方法,因人施教,只有这样才能取得预期的甚至更好的教育效果,从而也能使高校网络思想政治教育功能得到有效的发挥。

(三)教育内容对高校网络思想政治教育功能发挥的影响

教育内容是指以高校为阵地,教育者按照社会中的统治阶级的意志和要求,给教育对象提供符合其利益的正面的、积极的教育信息,教育内容是一架信息桥梁,连接着教育者与教育对象。从战略层面来说,教育内容可以分为两种:一种是符合统治阶级需要的教育目标,就是按照统治阶级的意志或者执政党的政治要求去选择教育内容,这也是高校网络思想政治教育必须坚持和实施的客观标准;另一种是教育者按照自己的教育目标定制教育内容,就是按照教育者自己所期望的教育效果制定教育目标和教学内容,针对教育目标将教育信息具体化的一种表现。这两种教育内容产生的效果是不同的,因为教育内容在性质的选择上就是完全不同的,因此会造成不同的影响效果。

一是最终目标的达成效果。教育信息是否符合教育目标的设计,那就要看它是否具备以下三个特点:第一个是真实性,就是指高校网络思想政治教育中的教育内容要与时俱进,要与当下时代的社会需求发展相一致;第二个是真理性,就是指高校网络思想政治教育中的教育内容,必须真实地反映人类对客观事物的认识、人类对客观规律的正确认识,要经得起社会实践的检验;第三个是先进性,就是指高校网络思想政治教育中的教育内容能够反映出教育对象的上进或进步的要求。教育内容是否具备这三个特点,对高校网络思想政治教育功能的发挥有非常重要的影响作用。

二是内容接受的效果。教育内容的外在体现就是教育目标,更是直接决定了网络思想政治教育功能发挥的有效性。实现网络思想政治教育的有效性也受其特征的影响。这一效果同样具备三个特征:一是教育内容的精确性,就是指网络思想政治教育中的教育内容要能够客观地反映教育目标的要求;第二个是教育内容的透彻性,就是指网络思想政治教育中的教育内容能够让学生简单有效地去理解事物的本质,能够准确地掌握事物的发展规律;第三个是教育内容的契合性,就是指驾驭内容的可调控性,要让高校网络思想政治教育中的教育内容与学生的思想达到一致。教育内容特点的符合程度与高校网络思想政治教育功能发挥的程度依然是一个正比关系,教育内容越具有精确性、透彻性、契合性,就越能引起教育对象的共鸣,教育对象也就越能接受教育内容,从而使高校网络思想政治教育功能发挥得越充分、越有效。反之亦然。

这些都要求高校网络思想政治教育中的教育内容和教育信息一定都要具有科学性、合理性、针对性,这样才能真正引起教育对象的思想共鸣和内心震动,让教育对象的发展更符合教育目标,也只有这样才能促进高校网络思想政治教育功能的发挥。

(四)教育方法对高校网络思想政治教育功能发挥的影响

教育方法就是一种教育程序、教育手段,教育者为了达到所预期的教育目标所采用的合理程序,是教育工作者为了完成教育任务而采用的符合教学目标的教育方法和手段。

高校网络思想政治教育的教育方法是在教育实践过程中对教育技巧和教育策略的运用,教育方法是否具有合理性和科学性,将直接决定高校网络思想政治教育功能发挥程度的高低。

第一,教育者对教育方法的选择将直接决定教育效果。在思想政治教育过程中,教育者往往会采取两种教育方法:第一种教育方法是只让教育对象明白正面教育内容的价值或负面教育内容的价值;第二种教育方法是同时让教育对象理解教育信息的两面性,即正面教育内容和负面教育内容的价值。从以往教育的实践上来看,这两种方法对教育者来说都可以取得相对不错的教育效果,但每个教育对象都是不同的,他们都存在个性心理差异,针对不同的教育对象需要采取不同的方法。具体来说,教育者的传授内容如果和教育对象本来就持有的积极学习态度相一致,那么得到的教育效果就会非常好。当然,这两种方法的应用也取决于教育对象所受教育程度的高低。第二种方法比较适合那些本身受教育程度就比较高的教育对象,当教育信息里的积极价值和消极价值同时出现,他们同样可以自主地做出正确的选择。这些都显示出,教育者对教育方法的不同选择,会对网络思想政治教育产生不同的教育效果。所以,教育者在采取教育方法时,要紧密结合教育内容,充分考虑教育对象的实际与个性差异,参考教育对象的教育环境是否一致等因素,这些条件都是教育者能够取得好的教育效果的前提,反之亦然。

因此,教育的实践过程中,教育者要注重教育方法的科学合理性,还要做到对教育对象的具体情况进行具体分析,针对不同情况分别对待。

第二,教育者采取有效的教育方式会产生更为深刻的教育效果。高校网络思想政治教育是不可能凭空进行的,需要依赖某种教育方式,这种教育方式决定了教育的具体过程,但是也具有一定的变化性。要想产生符合教学目标的教育效果,那么高校网络思想政治教育的方法或方式就要具备积极性、动机性、恰当性这三个特征。

我们常说的"感性"和"理性"都是说服教育对象的一种有效的方式,

有些人、有些问题需要教育者采取感性的方式去解决;有些人、有些问题则需要教育者运用理性的方法去解决。"动之以情,晓之以理"这种将感性与理性相结合的教育方式,在传统的思想政治教育中就经常被教育者采用,将它放到现在的高校网络思想政治教育的实践过程中,依然可用,仍然可以产生良好的教育效果。此外,不可能每个教育对象都相同,他们一定存在个性心理差异,有些教育对象适合"动之以情",有些教育对象适合"晓之以理",面对不同的教育对象、不同的问题,教育者要灵活地采取相应的教育方式。但是,不管教育者在教育过程中采取哪一种方法,都要与教育对象的切身实际情况相结合,这样才能更好地达到预期的教育效果,从而能让高校网络思想政治教育功能得到有效的发挥。

第三,教育者对网络语言的运用,在一定程度上也会对教育效果产生影响。网络为高校网络思想政治教育提供了重要平台,所以,网络思想政治教育的开展肯定会使用一些网络语言,这是必不可少的。网络语言的使用也会拉近教育者和教育对象之间的关系,是两者之间的一个情感纽带,可以增进彼此的感情。教育者选择恰当的网络语言融入自己的教育教学中,可以形成一种具有自己特点又不失风趣幽默的语言特色,这样更可以激发教育对象的学习兴趣,增加教育对象的认同程度,从而取得更好的教育效果。教育者是网络思想政治教育过程中的主导者,他们必须要学会并且善于运用网络语言,与时俱进,了解教育对象的喜好和思想动态,用轻松的、易于接受的、教育对象喜欢常用的网络语言与教育对象进行交流,这样才不会产生教育者与教育对象之间所谓的"网络代沟",发生网络语言障碍。举个简单的例子,现在的学生都喜欢在聊天中加入表情符号,教师也可以采取这种方式,在与学生交流一些轻松话题的时候,可以在语句中加入一些学生常用的表情符号,这样不仅有利于教师与学生之间的感情交流,更能使教师具备亲和力和感召力,这样学生在接受教育信息的时候就会减少逆反心理,有助于教师取得预期的教育目标,也有利于高校网络思想政治教育功能的有效发挥。

二、提升高校网络思想政治教育功能发挥的有效路径

(一)提升教育者综合素质,增强网络思想政治教育的教育力

1.提升教育者的综合素质

教育者综合素质的高低,是高校网络思想政治教育功能能否有效发挥的最关键因素。提高教育者的综合素质,建设一支思想政治素养高的教育队伍,是高校网络思想政治教育目标顺利达成和高校网络思想政治教育功能有效发挥的保证。网络的发展已经渗透到人们的学习、生活、工作的各个方面,高校网络思想政治教育也已经成为思想政治教育学科的一个有机组成部分,网络为教育提供平台的同时也为大学生的思想、行为习惯发展提供了新的空间条件。教育者同样需要与时俱进。高校网络思想政治教育中的教育者,要在海量的网络信息面前主动筛选信息,趋利避害,为我所用,提高自身运用网络技术的能力,把思想政治教育中的网络信息变成一种积极的教育力量。网络思想政治教育在最初也只是注重"教育门户内容"的建设,经过多年的发展,现在的高校网络思想政治教育更加注重教育者与教育之间的平等交流和沟通,学校官网、学校贴吧、学校官方微博、学校官方博客等平台的广泛应用,也能够让教育者与教育对象进行有效沟通。网络是高校网络思想政治教育的运行平台,同时网络技术是动态发展的,所以,高校网络思想政治教育也会随着计算机技术的发展而进步。教育者要紧跟时代的步伐,解放自己的思维和心态,时刻关注网络发展的新动态,与时俱进,这样才能做好高校网络思想政治教育的工作,才能真正让高校网络思想政治教育的功能得到有效的发挥。

2.加强对高校网络思想政治教育队伍的培训

建立相应的培训机制。针对教师、辅导员、班主任等思想政治教育者提供专业性的培训,并且要定期定时、有计划地进行培训工作,培训就是要保持队伍的新鲜性,不断掌握学习新的理念和知识,这是教育队伍壮大和实现可持续发展的必然性要求。

高校辅导员已经被正式纳入思想政治教育教师的队伍行列,当前网络思想政治教育的不断完善和发展,对辅导员队伍的素质提出了更高、更

严格的要求,在网络的新时代背景下,高校辅导员要熟练掌握计算机技术,熟悉运用网络技术,这是提升自身教育工作水平的重要一环;与学生相比,高校辅导员要树立更强的网络意识,深刻了解高校网络思想政治教育的相关内容,并以此推动高校网络思想政治工作的顺利开展,促进高校网络思想政治教育功能的有效发挥。

高校网络思想政治教育队伍建设必须着重完成以下几项工作:首先,要明确高校网络思想政治教育队伍的责任意识,面对形形色色的网络信息和铺天盖地的是非问题,教育者要坚定自己的马克思主义立场,要旗帜鲜明地回答问题、评论问题,这样才能对大学生进行思想上的正面引导。面对消极负面信息,教育者要敢于批评,敢于讲话,做到是非分明,这样才能提升网络思想政治教育的说服力,把握住教育者育人的主导权。当然,教育工作者在培训中、在日常工作学习中,也要不断提升自己的工作能力,提高自己的分析判断能力。其次,相关责任部门也要注意高校网络思想政治教育工作者的技能培训,社会在发展,时代在进步,教育也要与时俱进,不断更新自己的知识,学习现代技术,培养提升自己的综合素质能力,将线上与线下的教育工作都做好。最后,高校还应该针对网络思想政治教育工作者建立相应的考核制度,这样可以从另一个方面给教育者施加一定的压力,起到一个监督的作用,这也是高校网络思想政治教育队伍专业化和长期发展的保障。

（二）提升教育对象的网络素养,增强高校网络思想政治教育的契合性

教育对象网络素养的高低,是高校网络思想政治教育水平最直接的外在反映,也影响着高校在社会中的形象。教育部国家互联网办公室在2013年颁布的《进一步加强高校网络建设和管理工作的意见》中强调:"教育部各相关部门和高校责任部门,要广泛开展学生的网络法制教育,引导大学生文明上网、科学上网。"高校要有针对性地、合理地引导大学生科学上网,提升教育对象的网络综合素养。具体来说有以下几个方面。

1.加强教育对象的网络信息处理能力

虚拟网络世界里的信息复杂多样,在这个信息爆炸的时代,如何有效

地获取信息、正确地处理信息,已经成为人们必不可少的基本能力之一。美国著名作家戴维·申克曾经讲过:"信息过剩会让人们的生活陷入混乱,也会给人们的生活带来压力,若这些信息的出现超出了我们的承受范围,那么就将降低我们对生活和学习的控制能力,从而形成一种信息恐慌。"因此,只有提升教育对象的网络综合素养,才能让大学生面对网络信息时有辨别分析的能力,具有较高网络综合素养的教育对象,能够合理地避开负面影响,提高自我保护能力。网络已经成为人们生活中必不可少的一部分,在日常的学习生活中,要引导学生明确自己的上网目的,网络只是一种学习工具,不能严重依赖网络、被网络奴役。大学生过分依赖搜索引擎已经成为一种普遍现象,不论遇到什么事情,第一时间就会想到去搜索引擎搜一搜,教育者要引导学生去主动思考,搜索引擎只是一种学习上的辅助工具,绝不能把信息的查找全部放到网络里,要注重对大学生创新思维的培养。

2.加强对教育对象的网络思想道德教育

网络思想道德教育是指人们在使用网络的过程中所应该具备的基本道德品质。教育对象应该自觉地承担起遵守网络道德的责任,遵守网络使用规范。虚拟的网络世界也是现实社会的一个延伸,我们在使用网络工具的时候也应该讲法律、守纪律,在网络上依然要对自己的一言一行负责任。高校对教育对象进行网络道德教育时,要结合大学生的实际情况,尽量选择与教育对象生活相关的问题,解决实际困扰大学生问题的源头,将网络思想政治教育生活化,能够更容易让大学生接受和理解,也是高校网络道德教育的重要途径。

3.将网络素质培养融入理论课课堂

在公共课《思想道德修养与法律基础》中也涉及到这一方面。课本中指出,网络的道德和法律两个方面,所涉及的深度和广度是远远不够的。高校思想政治教学理论课,是教育工作者对教育对象进行思想政治教育的最主要渠道。教育对象的网络培养这一方面,也应该被纳入大学生思想政治教育,为大学生的网络认知教育、网络道德教育、网络法制教育提供一个现实的教育场所,这样才能引起教育者与教育对象的重视,也更能使大学生进行深刻的学习。作为高校网络思想政治教育的教育者,在网下,我们可以采取课堂传授、课程教育、专家讲座等多种方式,在授课中播放相关短片,宣传网络安全和网络法律法规的内容;在网上可以在学校官网或官方微博等专门为教育对象设置一个网络素养教育板块,为学生在学校里提供一个权威的学习场所。不论采取哪种方式,其目的都是让教育对象能够在使用网络的过程中提高自我保护意识,约束不良习惯,提升教育对象的网络素养。网络方便、快捷、信息量巨大,但网络社会毕竟是一个虚拟社会,和现实社会还是有着巨大的差别,教育者要针对学生的思想状况和个性差别进行合理的引导,提升学生的网络综合素养,从而提升高校网络思想政治教育功能的发挥空间[①]。

(三)提升教育内容的丰富性,增强高校网络思想政治教育的吸引力

1.丰富高校网络思想政治教育的内容

我国网络数据报告显示,中国网民数量几乎每半年就翻一番,网络科技技术在校园的广泛应用,让以往传统的教育方式受到了很大的冲击。校园网一直是学生获取大量教育教学信息的主要来源渠道。高校网络信息化进程在不断加快,也在不断完善,网上活动已经成为大学生生活、学习中的一部分,上网对于大学生来说已经越来越熟悉,所以,高校在网络这一主阵地上要主动采取措施,引导学生,让学生树立科学合理的网络思想政治教育意识,主动占领网络这一教育平台。2000年我国第一次提出将网络带入思想政治教育工作中,颁布了《关于加强高等学校思想政治教育进网络工作的若干意见》(以下简称《意见》),《意见》中强调高校要在网络思想政治教育中积极主动地占领网络教育新阵地,弘扬社会主义主旋律。网络为各种信息提供了存在场所,这些信息有正面的也有负面的,教育者要有选择地将这些信息放入教育内容中,教育内容始终是高校网络思想政治教育的灵魂和核心,所以,教育者要紧随时代发展,不断更新网络思想政治教育的教育内容。

①李才俊,唐文武,陈盛兴,等.网络视角下的思想政治教育方法新探[M].成都:西南交通大学出版社,2014:57-60.

2.打造一个具有吸引力的校园网

校园网是教育对象在学校获取网络信息的主要渠道,校园网的重要性不言而喻,高校应让校园网的建设更贴近学生的生活,将服务型、知识性、思想性、政治性融为一体,增加校园网中的教育信息量,吸引学生的访问次数。搜索各高校的校园网,大多数校园网的栏目设置基本相同,校园网的板块设置应该更加丰富一些,也可以添加一些贴近学生生活的娱乐版块,在娱乐中添加网络思想政治教育信息,让学生在娱乐中学习,会更有吸引力,每个二级学院的网页更应该有自己的特色,每个院系将自己的特色展示出来,各个院系之间也可以设置交流板块,满足学生的不同需求。网站里的信息内容也要富有特色,内容更要多元化,满足学生的不同需要,提升透明度,增强教育者与学生之间的互动沟通,实现一种资源共享。学生可以在校园网络平台里学习到知识,进行自主的、有目的的学习,同时学生也可以利用这一平台与教育者或信息发布者进行平等的交流沟通。校园网各栏目的设置也要与时俱进,紧跟形势发展,及时发布社会动态,也要及时了解学校的各项动态。当出现重大事件时可以专门设置一个专题,让学生和教育者及时了解各方动态,也可以供师生之间进行自由的讨论分析。最后,校园网还应开设一个网上心理咨询栏目,了解学生的思想状态,针对学生的思想问题及时给予解决,防止发生校园极端事件。另外,可以专门建立一个网络思想政治教育的链接,充分发挥高校网络思想政治教育功能。

3.增强高校网络平台的沟通教育功能

高校专门的思想政治教育网站、校园网、校园心理咨询中心、校长信箱、学校官方贴吧等,这些都属于高校网络信息平台,这些网络交流平台为教育者和教育对象的在线交流提供了便利,随时随地,没有限制。增强网络教育平台的相互沟通功能,也是推动高校网络思想政治教育功能发挥的又一重要手段。

首先,高校网络平台的思想政治教育内容要丰富。想要增强平台的吸引力,时事热点、突发事件还有学生的日常生活或者情感问题,这些都不能缺少。现代教育对象接受新鲜事物的能力非常强,视野也比较开阔,国内外时事、社会热点会关注，明星娱乐、恋爱情感也会关注，高校网络思想政治教育要善于发现学生的关注点，将网络热点与学生的日常生活和思想教育结合起来，从而正确引导学生的思想观念，增强学生对问题的深刻理解。其次，高校贴吧也是教育者与教育对象之间、教育对象与教育对象之间、教育对象与外界社会之间的一个重要的信息传递平台。教育者要及时了解贴吧里的内容，甄别信息，铲除不良信息，填充正面教育内容，科学发挥校园贴吧的引导作用。最后，网络自身的特点为各类传播媒体提供了便利条件。在高校网络思想政治教育中，教育者可以将校园网络作为依托，把各种传播手段综合到校园网上，同时把一些社会新闻媒体链接至该网站，在校园网络上形成"一个主题、多种手段"的教育传播方式，充分发挥高校网络的传播优势，增强高校网络思想政治教育功能的发挥和影响。

（四）重视隐性网络思想政治教育的作用，增强高校网络思想政治教育的影响力

隐性的思想政治教育是指在教育实践工作中，教育工作者自主地运用一些隐性的课程理论资源，将这些教育资源进行开发并加以利用，将教育信息通过一种隐匿的形式呈现在教育对象面前，使教育对象能够在不自觉、无意识的情况下获得某种教育思想、教育信息的教育方式。简单来说，隐性网络思想政治教育，其实就是思想政治教育对隐性课程理论的应用，这种教育方式具有教育途径的开放性、教育过程的随意性、教育方法的间接性等容易让学生接受的特点。

1.隐性网络思想政治教育的重要性

第一，隐性网络思想政治教育基于其特点，更有利于调动学生的学习主动性。新时代的大学生已经不再愿意一味被动地去接受教育思想的灌输，他们更有自己的想法，更看重自己各方面的主动性，他们希望通过自己的理解去学习思想政治内容，而不是一味地接受。教育者要充分发挥隐性思想政治教育功能，也是新时代对教育者提出的新要求，教育者要在教育过程中尽量减少传统的显性思想政治教育方法，隐性的教育方式在

教学过程中更容易让学生接受,取得学生的好感和理解。

第二,隐性网络思想政治教育方法有利于改变教育对象在教育过程中出现的逆反心理。传统的思想政治教育给学生留下了死板、守旧、传统、教条的印象,还处于成长期的大学生对这些都会表现出一定程度的反感。隐性网络思想政治教育方法形式多样、灵活变通,并且在教育过程中是可以取代一部分的显性思想政治教育,这对改变大学生的反感心理有着很重要的作用,相对于显性思想政治教育,隐性思想政治教育更能让学生接受并且乐于接受,这为高校网络思想政治教育提供了新的教育方法,从而提高了高校网络思想政治教育功能的有效发挥。

第三,隐性的网络思想政治教育为教育者进行情感式教学提供了便利条件。教育者常常用"动之以情,晓之以理"这一方法对教育对象开展思想政治教育,隐性网络思想政治教育就可以利用其隐性的特征,让教育者对学生的思想态度或生活情感问题进行正确的引导,这种不外显的教育方法也不会引起学生的反感,这在网络思想政治教育中起到了独一无二的作用。

2.运用隐性思想政治教育方法的有效途径

第一,将传统与隐性相结合,就是将隐性网络思想政治教育方法与显性思想政治教育方法相结合。在传统的思想政治教育中,显性思想政治教育方法在高校教育教学中一直占主导地位,几乎没有运用隐性网络思想政治教育的历史。直到最近这些年,高校网络思想政治教育在不断发展,隐性网络思想政治教育也开始受到教育工作者的重视。高校网络思想政治教育想要实现隐性与显性的教育方法相结合,就要全面挖掘隐性教育方法的内涵,丰富网络思想政治教育工作的实践活动,努力提升高校网络思想政治教育功能的有效发挥。

第二,加强高校网络校园人文环境建设。传统的教条式教化和灌输已经与现代大学生的需要格格不入,若一味地采取传统的先进思想政治教育方法,势必会造成学生的反感,学生一旦不再乐于接受教育者传递的信息,高校网络思想政治教育功能便会弱化,这种教育效果与我们所期待的教育目标是背道而驰的。这是由于,一是校园人文环境在思想政治教育中有着认识导向的功能;二是校园人文环境可以陶冶大学生的情操,让大学生在繁杂的学业之余放松心情;三是校园人文环境对大学生的心理有着完善的功能;四是良好的校园人文环境,会让大学生不自觉地受到行为上的约束,使大学生朝向更积极的方面发展。

第三章　高校网络思想政治教育
长效机制的构建

第一节　高校网络思想政治教育长效机制的
内涵与价值

思想政治教育是一项长期而又艰巨的工作，这项工作的进行不能墨守成规，要与时俱进，紧随着时代的脉搏，有效地推动思想政治教育的发展。对于高校而言更是如此。在如今的互联网时代和信息爆炸的背景下，推进高校的思想政治教育，就要以网络为新的教育阵地，建立高校网络思想政治教育的长效机制。而要构建高校网络思想政治教育长效机制就要了解其内涵，明白其价值和作用[1]。

一、高校网络思想政治教育长效机制的内涵分析

任何长效机制的构建，都必须具有科学性、计划性、完整性和系统性，从这几个方面分析，高校网络思想政治教育的内涵涵盖着如下内容：首先，从整体的概念分析，高校网络思想教育既需要常抓不懈、持之以恒地进行，又需要发展和变化地进行。这个变化是有目标和针对性的变化，需要根据不同时期社会形态、经济态势、文化状态以及学生不同的思想观念、心理变化和知识架构等方面的内容，加以完善和修整。其次，高校的网络思想政治教育长效机制的构建，需要以完善的制度为基础，以制度的严格落实为措施有效执行。众所周知，制度的特点就是在目标的约束基础上，使其将稳定和长期以及全局的功能有效地发挥出来。无论是在社会活动中，还是在企业和组织的行为观念中，制度都具有约束个人行为的特性，并且这个特性和机制是共同具备的。机制和制度在一定程度上都

---

[1]朱耀华,郝小芳.高校网络思想政治教育理论与实践[M].武汉:湖北科学技术出版社,2013:43-48.

具有规范行为的原则,也是高校网络思想政治教育的基础。在高校网络思想政治教育实施的过程中,长效机制所具有的能长期保证制度正常运行并发挥预期功能的制度体系,可以很好地保证高校思想政治教育制度的实施和进行。

二、构建高校网络思想政治教育长效机制的作用

(一)丰富思想政治教育的方法

作为高校教育主要组成部分的思想政治教育,长期以来只是以书本和教师的说教为主,通过长效机制的构建,就可以很好地将互联网技术融入思想政治教育体系。这样不但让教育的方法变得丰富,教育途径得到拓展,而且也让思想政治教育工作的基础得到保证。在网络思想政治教育长效机制实施的状态下,让高校教育工作的平台不但稳定,而且高效。互联网具有的动态和感染性,可以大幅度提高学生对思想政治教育的兴趣。尤其是在教学过程中,教师通过互联网的运用,可以让教学活动质量得到提升。

(二)促进和带动思想政治教育的创新

构建高校网络思想政治教育长效机制,可以很好地促进和带动教育创新。相对于高校其他课程的教学内容而言,思想政治教育既不是一种技术的技能,也不是可以复制就能形成和出现教育结果的教育。而是在培养学生树立正确三观的基础上,对现实生活出现的问题和困惑进行解困去难的过程中,进行创新和拓展、延伸的过程。因此,高校网络思想政治教育长效机制形成的创新作用,首先是通过思想政治教育内容的可变性来实现的。网络无论是从教育的形式,还是教育的内容拓展上,都可以让高校思想政治教育的创新性得到延伸。而在长效机制下,还可以从不同的层次和方位进行拓展。其次,随着高校网络思想政治教育长效机制的实施,将会在科学的计划内,不断培养出具备正确三观和高素质的人才。其三,高校网络思想政治教育长效机制的内涵,就是能长期保证制度正常运行并发挥预期功能的制度体系,这个体系不但会让教育的内容不断得到拓展和丰富,而且在信息网络的普及下,其影响的范围无论是深度

还是广度,都会越来越深远。尤其是目前我国计算机和手机的普及,信息速度传播之快、之广,更让网络思想政治教育的教育方式具备了超出线下教育的可能。

第二节　高校网络思想政治教育长效机制的构建措施

一、构建高校网络思想政治教育长效机制的原则

网络思想政治教育的基本原则,是在思想政治教育实践中形成的、体现思想政治教育客观规律的、确保网络思想政治教育活动有效实施的思想政治教育活动中必须遵循的准则,构建高校网络思想政治教育工作机制应遵循以下原则。

(一)目的性原则

高校网络思想政治教育工作机制,是紧紧围绕网络思想政治教育工作有效展开实施而制定的,高校思想政治教育的目的是为了不断提高大学生思想道德素质,促进大学生的自由全面发展,激励大学生为建设中国特色社会主义,最终实现共产主义而奋斗。从具体上来讲,就是教育引导大学生树立正确的人生观、世界观、价值观,提高大学生认识世界和改造世界的能力等。网络思想政治教育是思想政治教育的重要组成部分,可以说,构建高校网络思想政治教育工作机制,是为了确保思想政治教育目的的有效达成,因此,必须根据思想政治教育的根本目的来构建网络思想政治教育工作的机制。

(二)科学性原则

网络思想政治教育工作涉及面广任务繁多,有思想政治教育的一般规律,又具备网络教育的特点,因此,在构建高校网络思想政治教育工作机制的过程中,不能照搬照抄传统思想政治教育工作的模式方法,更不能凭以往的经验办事,必须依据网络思想政治教育的客观规律,摸索总结出

一套科学的、系统的、实用的工作机制，逐步实现制度化、规范化、程序化，从而提高思想政治教育的质量和效率。

（三）整体性原则

思想政治工作机制包含引导机制、协调机制、评估机制、保障机制等，是一个完整的管理体系、制度体系和保障体系，是网络思想政治教育工作有效展开的根本保证，各项机制之间相互依存、相互补充、缺一不可，因此，在构建网络思想政治教育工作机制时，应坚持整体性原则，既要考虑网络思想政治教育功能的发挥，又要考虑网络管理与人才队伍培养等自身建设内容，以确保工作机制的完整性。

（四）民主原则

网络不仅拉近了人与人之间的距离，更让交流变得随时随地，在开展网络思想政治教育过程中，教育者与受教育者之间的信息接收内容和过程变得平等，在开展教育教学和思想辅导咨询时，教师与学生可以通过昵称进行互动交流，没有了面对面的尴尬与拘束，使传统思想政治教育工作中，师生面对面交流的管理者与被管理者、教育者与被教育者的界线变得更加模糊，角色更趋平等，更有利于对大学生的教育引导。新一代大学生受社会法制进步的影响，法律意识更加强烈，教师在开展工作时必须降低身段，在充分尊重学生主体意识的前提下，以平等、诚恳的姿态与学生交流，积极教育引导，提高学生明辨是非的能力，以及对现实世界的认知、辨别、选择等能力，这是构建网络思想政治教育工作机制必须始终把握的[1]。

二、高校网络思想政治教育存在的问题

当前高校的网络思想政治教育仍是以思想政治课程教师为主体，教师仅仅是利用网络实现课程的讲授，学生在完成课程任务后很少关注，深入剖析后，发现了当前高校网络思想政治教育的"三个核心问题"分别如下。

---

[1]罗莉,周婷,李文晋.高校网络思想政治教育教学模式的构建研究[M].成都:电子科技大学出版社,2015:67-71.

（一）思想认识不够高

高校对于网络思想政治教育的重视程度不一致体现在多个层面。首先，学校层面对于网络思想政治教育工作起到了决定性的作用，从"人力、物力、财力"等方面的政策支持，都对此项工作起到了极大的促进作用；其次，高校任课教师仍以思想政治教师为主，内容形式过于单一，偏离了学生的关注点，教育成效不显著，同时很多专业课程教师在思想上还没有"课程思想政治"的概念和意识；再次，高校大学生自身在思想上对思想政治教育不够重视，认为仅仅完成课程学习就行了。由于高校、教师、学生在思想上的重视程度不够，导致网络思想政治教育工作开展缓慢。

（二）管理机制不健全

高校网络思想政治育人工作是高校思想政治工作的一个重要阵地，目前高校还没有形成健全的管理机制，在很多方面无法协调一致，从而无法实现育人成效。由于管理机制的不健全，导致网络思想政治教育的阵地尚未形成，各门课程、各个院系、各种在线教育平台、各种 App 的使用十分混乱，没有形成统一的育人平台。更为重要的是，很多教师都是在本职工作岗位坚持着网络思想政治教育工作，管理机制的不健全导致在工作上的主动性较差；另外，各个部门之间缺少协调性，没有牵头负责部门，更没有统一的管理，不仅造成人力资源的浪费，也降低了参与工作的教育者的热情。

（三）工作职责不明确

网络思想政治教育工作是一个系统工程，又是一个动态的工作，要不断学习与更新。在这样一个系统工程中，每一个部门，每一个教师，甚至是每一个学生，每一次准备的一堂课程，每举行的一次活动，都应该成为系统中的有机组成部分。目前，各高校对于网络思想政治教育工作尚没有形成专门的工作团队，工作人员的职责也不明确。很多高校的微信平台、网站专栏还是由学生骨干来管理，在工作中很容易出现疏忽，甚至是错误，从而造成严重的网络舆情后果。

三、"互联网+"背景下高校网络思想政治教育的机遇

在大数据、智慧教育、移动互联、云计算的信息时代,已经彻底改变了传统的教育模式,这就要求我们高校顺应时代发展,承担历史使命,抓住历史机遇,实现长效育人。

（一）优化思想政治教育新资源

在互联网时代,资源是海量的,特别是大数据的使用,使得资源成为宝贵的互联网财富。高校教师是网络思想政治教育的主体,也是教育资源开发、整理、创新的主力军,他们既可以在网络上寻找优质资源,又可以与志同道合的人进行讨论、修改、完善自己的育人素材,更可以将自己的优质资源与他人分享,并传播到互联网上使其得到最大限度的共享和使用。与此同时,以在线精品课程建设为例,从学生的角度,从学习者的角度为学生进行课程的重新整理与创新,学生在课程建设方面与任课教师不断讨论和交流,促进了课程的时效性,也促进了高校教师不断学习,不断优化思想政治新资源。

（二）创新思想政治教育新方法

互联网时代为高校教师的在线教育提供了各种层次的育人新方法。首先是各种在线教育平台和手机 App 的使用,各个高校也都在不断推动自身的信息化建设;其次,现在教育资源的呈现方式不断创新,从"黑板白字"到"图文并茂"再到"刷视频",已经有了质的变化,相信 5G 时代的到来,还会带来更大的变革;另外,在社交形式上也有了重大变化,由单一的QQ,发展到微信、朋友圈等各种社交软件的使用,缩短了师生之间的距离,增进了感情,也起到了思想政治育人的辅助功能。

（三）增强思想政治教育新实效

"物联网+思想政治教育"的育人方式有着主动性、生动性、灵活性、互动性四大特点,切实增强了思想政治的育人实效。主动性是指互联网时代下的在线育人方式,改变了传统课堂的上课形式,突破了课堂在资源、时间、空间上的限制,增强了学生学习的主动性。生动性是指在网络时代的思想政治育人内容和形式的多样与生动,可以看在线直播、短视频、绘

制图片等,极大地增强了育人过程的生动性。灵活性是指在线课程学习的学生,在学习时间、学习地点上的极大的灵活性,使育人过程可以随着学生的时间和方式自由分配;互动性是指在线思想政治育人过程中,教师与学生的互动,是一个相互促进、共同学习的过程。

四、构建高校网络思想政治教育长效机制的措施

时至如今,在新时代下,由于多元文化的浸染和传承模式的滞后等因素,使高校网络思想政治教育长效机制的构建和实施出现了滞后现象。大学生在网络浏览中,其兴趣和爱好主要集中在"关注明星""关注旅游"和"关注游戏"等一些娱乐方面,而对思想政治教育内容、传统文化以及我党我军的辉煌历史很少关注,在影视节目的关注度上也要大于其他。喜欢真人秀、综艺选秀、关注商业电影或者一些偶像剧,是当代大学生中存在的很普遍的现象。

在新时代,随着社会的进步和人们思想观念的转变,尤其是改革开放以来,多元文化的浸染和西方文化的影响,学生在思想认识上对中华民族的优秀文化、我党我军的光荣传统,缺乏深入的了解和认同。目前在校学生的构成上,"00后"是主力军,"10后"也加入了队伍,他们的生活环境和成长历程,伴随着大量信息化,和市场经济不断发展变化的氛围下成熟起来的。尤其是互联网的兴起,在大量不同的、复杂的、参差不齐的信息浸染下,其世界观、人生观、价值观以及对社会、环境和传统文化的认知都出现了不同程度的偏差。因此,针对这些问题,在高校网络思想政治教育途径构建中应采取如下的应对措施。

(一)构建高校网络思想政治教育长效引导机制

构建和推进高校网络思想政治教育,就必须遵守其应有的准则,以加强规划为基础,以完善制度、规范管理为框架,以提高队伍素质为发展方向,让高校思想政治教育的长效机制从整体的发展方向上形成制度化和规范化。而要实现这些目标,就要有效地构建高校网络思想政治教育长效引导机制。所谓引导就是在坚持社会主义核心价值观和中华民族优秀传统文化、红色文化为发展方向的基础上,发挥网络优势,以正确的思想

教育人,以科学的精神和理念引导人,从而为大学生获得健康、正确的思想观念打下良好的基础。

而这些因素的形成,不但需要建立起一支具有网络专业技能和丰富思想政治教育理论的优秀教师队伍,还需要学校各方面的配合,形成一个良好的引导氛围,让学生在优良的氛围下接受思想政治教育。

(二)建立相应的高校网络思想政治教育长效协调机制

建立相应的管理领导组织,引导学生绿色上网、健康上网、文明上网,让学生的网络活动始终处在有管理、有监督的范围中。协调机制的建立主要从以下三个方面进行。首先是建立由高校各级党委为领导的网络思想政治教育长效机制领导小组,从宏观的角度对学校的网络思想政治教育进行统筹。并以此为基础,抽调相关的精干人员,建立相关负责实际工作的科室,指导各学院根据本学院的实际情况,有目标和有针对性地开展网络思想政治教育工作。相应地,各院系也要成立网络思想政治教育工作领导小组,将实际的工作措施落实到本院系。其次,立足本校、放眼全国。具体做法即整合本校优势的网络思想政治教育资源,建立适应全国一体化的高校网络思想政治教育工作协调机构。这个机构的搭建,可以由教育部主导,各省份教育部门配合,从而让网络思想政治教育形成全国一体化的长效教育机制。最后,就是高校网络思想政治教育内容和教育形式的协调。根据互联网具有的多样性和多元化的特征,高校要根据本校的实际情况,加强、完善和随时根据发展的态势补充网络思想政治教育的内容,让教育内容和社会发展相匹配,发挥出网络思想政治教育的最大作用和实际价值。

(三)建立网络思想政治教育长效互动机制

所谓互动就是充分发挥网络言论可以互相参与的优势,在网络上针对大学生在生活、学习等方面出现困惑和问题展开讨论,引导和帮助大学生解决一些生活工作上的问题。目前,有些高校与思想政治教育相关的网站,在教育内容上一般是以浏览为主,这样的设置不代表思想政治教育在网络构建平台的初衷,并且在内容的更新和整体管理上比较滞后,缺乏时效性,不但让学生缺乏长期关注的兴趣,也达不到教育的目标。因此,为改变现状需要构建网络思想政治教育的互动机制,在教师与学生、学生与学生之间广泛互动,达到网络思想政治教育的教育目标。

(四)构建高校网络思想政治教育长效评估机制

所谓长效评估机制就是通过对网络思想政治教育内容、形式、平台推广等方面的评估,让网络思想政治教育的长效机制发挥出真正的作用。而为达到这个目标,就需要建立起以高校各级党委、教育部门的专业人士为主体的评估组织,不但要把评估当作一项长期的工作,还要形成制度化,成为一项经常性的工作。结合本校学生思想的实际态势,长期、经常地对网络思想教育的内容和形式进行评估,并对评估的结果进行反馈,让网络思想教育得到完善。在此基础上,要制定出评估的内容和评估标准。评估的内容方面主要是:教育的内容、教育的效果、管理措施和执行状态,以及整体环境和设施状态等方面。只有如此,才能提高和促进评估对网络思想政治教育的效果。

(五)构建高校网络思想政治教育长效保障机制

兵法云:兵马未动,粮草先行。这里的粮草,就是战争取得胜利的保障。在网络思想政治教育方面的保障,首先是要有一支强有力的队伍。这支队伍的组成需要以懂网络技术和具有深厚思想政治教育理论与实践经验的教师为主。这样就可以很好地通过网络对学生进行专项辅导。其次,要有充足的物质保障。所谓物质保障,主要是指专项基金的设立。通过专项基金可以保障各类设备的更新和新型网络技术的运用。只有如此,才能将思想政治教育和网络进行有效融合,为长效机制的实施打下基础。最后,就是对不同资源的整合。思想政治教育的长效机制不是一朝一夕的事,更不是通过单方面的教育就能很好完成的,而是需要社会资源和学校的教育资源相互结合,形成一种自学校到社会都具备良好风气和优良环境的状态,才能有效地保障高校网络思想政治教育长效机制的有效进行。

第四章　高校网络思想政治教育平台的构建

第一节　高校网络思想政治教育平台概述

一、高校网络思想政治教育平台的含义

截至 2021 年 12 月,中国互联网网民规模达到 10.32 亿。互联网络以它承载量巨大、交互共享、直观快捷、表现形式丰富、便利廉价为大众所采用,已经成为继报刊、电视、广播等传统大众传媒之后新兴的"第四媒体",成为人们日趋依赖的传播物质文化和精神文化的重要媒介。当然,若要使学生达到思想政治教育的目的,仅仅运用网络平台是有局限的,还必须借助传统平台才能达到更好的教育效果。因此,要探讨高校学生思想政治教育网络平台运用的研究,首先要了解它的含义、特性及其与传统平台的关系。

(一)网络平台的含义

"平台"一词最早出现在建筑科学中,是指"晒台;平房:生产和施工过程中,为操作方便而设置的工作台,有的能移动和升降。"在物质文明和精神文明高度发达的今天,"平台"一词有了更为广泛的内涵。它是一个舞台,是人们进行交流、交易、学习的具有很强互动性质的舞台。例如信息平台、服务平台、门户平台等。

"网络"就通信角度而言,是指"三网",即电信网(固定和移动电话网)、电视网(有线、无线和卫星电视)和计算机互联网。就技术上而言,仅仅是指在信息化过程中发展最快并起到核心作用的计算机互联网。因此,本文中"网络平台"这一概念中所特指的"网络"是指以上提到的"三网"。

笔者认为,"网络平台"是指通过网络这一舞台,在两个或两个以上的主体之间进行信息的传递、交换、处理或分享的过程。从大学生思想政治教育的实际出发,最有影响的平台仍是计算机互联网,但同时移动电话网在大学生思想政治教育的实际应用中也日益广泛。

(二)高校学生思想政治教育网络平台的含义

以往,在我国对"网络思想政治教育"的概念已有研究。最早提出的是1999年张建松发表的《发挥校园网络在思想政治工作中的作用》一文,文章阐述的概念:"所谓网络思想政治工作,通俗地说,就是利用校园网络对学生开展思想政治工作。"2000年刘梅在《论思想政治教育的现代方式》一文中提出:"网络思想政治教育,是根据传播学和思想宣传的理论,利用计算机网络所进行的思想政治教育。"这是首次直接阐释有关"网络思想政治教育"的概念。以上两个定义,都是从工具性的角度,对"网络思想政治教育"做出了解释,他们的共同特点,就是把思想政治教育与网络直接联系起来,而不足之处在于并没有提出网络与网络思想政治教育之间的内在联系,只是将网络当作一种思想政治教育手段或者方式的存在。2002年曾令辉编著的《网络思想政治教育概论》是国内第一本比较系统的研究网络思想政治教育的专著,在书中将"网络思想政治教育"的概念阐释为:"所谓网络思想政治教育,是指一定阶级、政党、社会团体用一定的思想观念、政治观点、道德规范,通过现代传媒——计算机网络对其受众施加有目的、有计划、有组织的影响,使他们形成符合一定社会、一定阶级所需要的思想品德的社会实践。"2003年韦吉锋在《对网络思想政治教育界定的立体考察》一文中提出:"网络思想政治教育是指抓住网络本质、针对网络影响,利用网络有目的、有计划、有组织地对网民施加思想观念、政治观点、道德规范和信息素养教育方面的影响,使他们形成符合一定社会发展需要的思想政治品德和信息素养的网上双向互动的虚拟实践活动。"

因此,笔者认为"思想政治教育网络平台"是指:作为思想政治教育传统平台的补充和超越,它是根据传播学原理和思想政治宣传的理论,运用一定的思想观念、政治观点、道德规范对网民施加有计划、有目的、有组织的影响,使他们形成符合社会主义社会需要的思想品德的物质形体。其主要方式是通过网络这一平台，在两个或两个以上的主体之间进行信息的制作、传播、交换、处理或分享，引导网民有选择性地吸收正确的信息，从而达到思想政治教育的目的。所谓"高校学生思想政治教育网络平台"就是教育者以网络技术为依托，按照高校学生思想政治教育的目的和需要，紧密结合当前学校学生的认知特点，运用多样化的教育方式，按照一定规范对丰富、正确、生动的思想政治教育信息进行制作、传播和控制以至反馈，其目的是用正确、丰富、生动的网络信息，熏陶现代大学生网民养成符合时代发展所要求的思想观念、政治观点、道德规范以及健康的精神状态的虚拟互动活动，从而培养他们成为符合社会要求的人才的物质形体。大学生思想政治教育网络平台的运用是符合大学生认知和接受教育的规律，能充分有效地利用思想政治教育的资源，从而使思想政治教育更具有生机和活力①。

二、高校网络思想政治教育平台的基本特征

（一）时效性和兼容性

高校网络思想政治教育平台的时效性是指其在搜集、处理和输出思想政治教育信息上，具有快捷、迅速的特性。网络加快了信息传播的速度，拓宽了信息交流的广度，重塑了人们对时间和空间的常规理解。信息可以凭借庞大的网络，突破时空界线，迅速到达网络世界的任意点。这就意味着受教育者接收信息比以往任何时候都更加畅通和便捷。社会的热点和焦点问题往往容易形成网络舆论，引发受教育者的关注和讨论，高校网络思想政治教育平台可以通过大数据分析，在很短的时间内收集和整理受教育者关注的问题，获取受教育者的思想和行为动态，便于教育者及时采取引导举措，有利于帮助受教育者做出正确的价值判断，从而保障了思想政治教育信息的鲜活性和时效性。高校网络思想政治教育平台的兼容性表现为两个方面：一是高校网络思想政治教育平台涵盖了网络的多个终端。思想政治教育信息可以通过固定终端（台式电脑）发布，也可以

---

①吕春燕.高校网络思想政治教育平台的现状调查与分析[J].现代商贸工业,2020,41(35):14-15.

通过移动终端(手机、笔记本、iPad等)发布,尤其是移动终端的广泛使用,可以跨越地域和时间的限制,随时随地进行信息的发布。二是高校网络思想政治教育平台集合众多功能于一体。随着媒介技术的发展,媒介产品的功能实现嵌套式的开发,如QQ、微信、微博等除了信息传递、资源分享基础性功能外,还延伸出购物消费、移动支付、公益服务等新功能,为受教育者提供学习、娱乐、社交、消费等综合服务,满足其个性化的需求。此外,高校网络思想政治教育平台之间实现了功能的嵌套,如微信、QQ空间和微博,用户只需要登录一个平台就可以实现信息的同步传递,大大提高了信息传递效率。

(二)渗透性和交互性

高校网络思想政治教育平台的超大容量性和形式兼容性使其具有更深层次的渗透性。对于伴随网络成长起来的大学生来说,生活即网络,网络即生活。网络的印记已经深入到大学校园生活的每一个细节。思想政治教育可以通过网络平台嵌入教育对象的日常生活,为教育对象提供丰富、健康和多样化的网络资源,潜移默化地影响教育对象的思想,真正使思想政治教育内容入脑入心,成为教育对象的行为纲领。平台的渗透性还体现在推动思想政治教育渗透,介入教育对象的生活空间,使思想政治教育更通俗化,更接地气,更利于教育对象主动接受。高校网络思想政治教育平台为教育者与教育对象开展网络交往提供了良好的场域。高校网络思想政治教育是按照学校既定的教育任务、选择合适的教育信息、依托合适的网络平台,实现教育者和教育对象之间共同参与、相互作用的行为。进入移动互联网时代,高校网络思想政治教育平台的交互方式更加多样化,思想政治教育信息实现了"点对点""多对多""点对多""多对点"的传播,大大缩短了教育者和教育对象之间的传播距离,实现了思想政治教育信息的双向互动,共同参与信息的产生、发布、传递和接受的全过程;同时也实现了精神和情感的双向输出。因此,高校要重视网络思想政治教育平台的各种互动形式,在教育者与教育对象之间搭建桥梁和纽带,营造平等的交往互动关系。

(三)动态性和虚拟性

高校网络思想政治教育平台不是一个固定不变的系统,它会受到平台的各要素及要素结构关系、平台内部和外部环境的影响和制约。由此可见,要实现高校网络思想政治教育平台的动态发展,需要思想政治教育者熟悉和掌握高校网络思想政治教育平台运行状态、变化和调整的客观规律;需要从网络思想政治教育的目标、任务、教育对象的网络道德现状等方面,分清主次,对平台的各个部分进行有机的排列、组合,使平台各部分都按照一定的规则相互作用、相互协调、相辅相成,整体呈现出一种协调有序的发展状态。高校网络思想政治教育平台的虚拟性,表现为其建构的思想政治教育环境并不是物化的、可以直接感知到的实体教育环境,而是依赖信息技术建构出虚拟化、数字化的网络空间,以文字、图像、音频、视频等方式存在。网络思想政治教育平台的虚拟性带来了网络空间的开放和自由,教育对象可以隐匿真实身份来发布信息、参与网络互动。网络思想政治教育平台的虚拟性也模糊了真实世界和网络世界的界限,对教育对象思想品德的形成、行为规范的养成造成些许负面影响。因此,高校要巧妙地运用其虚拟性,克服教育对象在现实思想政治教育过程中可能存在的抵触情绪,在更轻松、更平等的氛围中发挥网络思想政治教育的育人优势。

(四)整体性和开放性

系统科学认为,系统的要素不是孤立存在的,它们彼此关联、息息相通,又相互制衡,从而形成一个有机整体。因而考察思想政治教育平台时,必须把它看成是一个相互联系的有机整体,必须从整体上来把握平台要素与要素之间、要素和整体之间的关系。高校网络思想政治教育平台的性质和功能,不能简单地等同于各要素性质和功能的叠加,而是要从维护平台整体性的需要和原则出发,进行各要素的组合、排列,从而构成有序的平台整体,正是由于平台自身所具有的整体性,才使其体现出自身的性质及功效的整体性。整体性不仅仅是一种特征,也是一种思维视域。一方面高校网络思想政治教育平台要从全方位、全视角、全维度来考量,从学科建设的高度来推进网络思想政治教育的创新。另一方面要对构成高校网络思想政治教育平台的要素、结构、功能等做深入分析,分析各部分之间的关联度,从而对高校网络思想政治教育平台的要素、结构、功能等作用机制形成整体性的认知。开放性特征是指高校网络思想政治教育平台不是一个封闭的体系,而是一个受到外部环境影响的、需要纳入社会大系统的社会实践行为系统。平台要按照整体运行的特点,不断根据环境的变化进行调整、稳定,再调整、再稳定,正是通过与外部环境保持频繁的互动来达到平台整体的统一、稳固和发展。高校网络思想政治教育平台具有鲜明的时代特征,强调开放性既是平台自身历史发展的产物,又是今后其继续发展的前提。当前我们需要紧密结合"双一流"背景下高校的发展和创新需求,在高校网络思想政治教育平台体系中,不断地融入最新内容、新技术和新方法,牢固占领高校网络前沿阵地。

三、高校网络思想政治教育平台的基本功能

(一)建构国家主导意识形态功能

在中国特色社会主义建设中,高校网络思想政治教育平台肩负着传播、构建和整合国家主导意识形态的重要功能。在网络时代和市场经济的影响下,教育对象的思想观念、奋斗目标、行为方式等都发生了很大的变化,在网络相对自由的环境下,背离理想信念、违反社会道德方面的问题凸显出来,如何把受教育者的思想和行为导向积极、健康的方向,如何向教育对象传播社会政治观点和执政思想、道德观念和法律规范,提高他们的政治敏锐、判断力和决策力,增强受教育者的民族凝聚力,使教育对象最大程度上完成政治社会化,实现政治角色的认同,最终形成符合社会主流意识的价值共识是高校思想政治教育者担负的一项重要职责。网络通过数字化的编码方式形成共享的信息系统,大大增加了教育对象接触思想政治教育信息的机会,为有效开展思想政治教育提出新的要求。高校网络思想政治教育平台要适应信息技术发展的高速率、云服务、大数据、人工智能的趋势,通过平台要素和结构的调整,构建好传播主导意识形态的网络媒介环境,培养教育对象的良好思想素质和高尚道德情操,培育和践行社会主义核心价值观,促使其思想和行为符合社会发展的正确

方向,能够做出科学的价值选择和信仰追求。

(二)丰富大学生的认知水平和交往能力功能

认知水平是影响人们思想形成的主观因素之一,即指人们获取信息、判断和评价信息并且应用信息的能力。在计算机网络技术普及运用的今天,教育对象的学习方式、教育手段和教育渠道都发生了改变。面对互联网时代纷繁复杂的网络信息,应依据教育对象认知和交往的特点,探寻做好高校网络思想政治教育的有效途径。覆盖面广是高校网络思想政治教育平台的突出特点,这使得育人资源可以突破时空的限制,渗透到高校教育教学的全过程和各个环节,扩展了教育对象的知识文化视野,提高了教育对象对客观世界认知的能力;高校网络思想政治教育平台的平等性和匿名性使得教育对象愿意主动参与频繁的网络互动,锻炼了教育对象的交往能力,使教育对象对高校思想政治教育者产生亲近感和认同感,提升网络思想政治教育的教育效果;高校网络思想政治教育平台的多样性,可以给教育对象带来身临其境的真实体验,使思想政治教育生动活泼,有利于提升教育对象的自我认知,完善教育对象的网络主体人格。教育对象可以通过网络不断实现自我教育,成长为合格的大学生网民。因此,在信息时代背景下,高校网络思想政治教育要满足新时代对大学生成长成才提出的新需求,在教育内容设计方面突出针对性和亲和力,满足教育对象的知识需求和交往期待。

(三)整合和维系社会功能

具体来说,整合功能具有两个方面的内涵:一是确保高校网络思想政治教育平台要素的内在稳定性;二是通过主流价值和社会规范等凝聚教育对象的共识。我们的社会正处于极具变革的时期,社会组织结构和经济利益多元化引发了人们价值追求的多样化趋势,对实现高校网络思想政治教育平台的整合功能造成了不小的难度。高校网络思想政治教育平台需要从整体上引导和把握教育对象的心理,传播主流意识形态,培养教育对象的政治热情和政治信念,提高教育对象的政治素质,并通过正向的舆论宣传,使教育对象能自觉约束和规范自己的行为,为共同的社会理想而努力奋斗。维系功能主要是指高校网络思想政治教育平台通过营造良好的网络文化宣传环境,加大中华民族优秀传统文化的推广,为教育对象铸造坚固的精神盾牌,引导教育对象自觉地抵制各类腐朽思想的滋生和蔓延,构筑教育对象的精神家园。高校网络思想政治教育平台可以有效预警网络意识形态风险,提升高校化解风险的能力,更好地维系社会正常发展秩序。

第二节 高校网络思想政治教育平台的基本要素与结构关系

所谓要素,是指构成客观事物必不可少的因素,是事物存在和发展的基础与载体,是事物产生、变化、发展的动因。在客观事物内部,每一个要素都是单独的个体,要素和要素之间既相互独立,又相互依存、相得益彰,共同构成事物的整体。要素具有层次性,只有对要素进行层次划分,弄清它们的性质、地位和作用,才能勾勒出事物的整体。高校网络思想政治教育平台的结构,反映的是组成平台的各个部分的关联方式和组织秩序。研究高校网络思想政治教育平台,需要从网络思想政治教育平台的整体与组成部分之间、各部分之间以及整体同外部环境之间的相互联系、相互作用中探究其建设和发展规律,引导大学生认同一定的思想道德规范,促进大学生知、行、意、情的协调发展。

一、高校网络思想政治教育平台的基本要素

(一)教育者要素

高校网络思想政治教育平台构成的主体要素之一是教育者。主体从哲学层面上是指能够认识活动和参与实践活动的承担者,在网络思想政治教育活动中起着主导和支配的作用。高校网络思想政治平台教育者主要包括三大类:第一类是高校思想政治教育者。包括高校各级党团组织工作人员,学生工作部门人员,思想政治理论课专职教师、辅导员或班主任等。第二类是高校网络思想政治教育平台的网络管理者,主要负责对

平台其他普通用户(教育者和大学生)进行管理,同时搜集平台其他用户使用的反馈信息,对平台进行有效维护和调整。最后一类是拥有微博、微信公众号的学生团体或个人以及学生意见领袖,他们有意识地承担起高校网络舆论引导工作,在特定的条件下成为一部分学生的教育者。

1. 教育者的素质要求

教育者必须具有教育者的素质。如果教育者不具备教育者素质,只能使教育的系统功能丧失。教育实际上是从教师心灵到学生心灵的教育,是从教师人格到学生人格的教育。日益精进的网络互动性和匿名性构成教师和大学生在信息共享、沟通互动方面的对等关系,但是在网络思想政治教育过程中,教育者仍然需要发挥其主导性,对教育对象(大学生)施以教育和影响。由此可见,网络思想政治教育过程中,教育者要起主导作用。高校网络思想政治教育平台的教育者必须具备以下这几种素质。

(1)政治素质

网络平台的不断革新为思想政治教育工作增添了新的渠道和现代化手段。然而,网络信息鱼龙混杂,大大增加了教育者鉴别思想政治是非和真伪的复杂性,给教育者带来了严峻的挑战。教育者是高校网络思想政治教育平台建设的承担者、策划者、组织者、实施者、调控者、主导者,提升他们的政治素质对创建"双一流"高校、培养新时代的大学生具有十分重要的意义。政治素质是指从事思想政治教育职业必须具备的政治素养或政治修养,具体包括政治立场、政治信念、政治态度和政策能力。政治立场实际上就是政治定力,保持定力是政治的最大"不动产",是抵御各种诱惑和各种考验的武器。教育者应以马克思主义的立场、观点和方法来思考和解决问题,树立马克思主义的世界观和方法论,成为马克思主义思想的学习者、宣传者和维护者。政治定力最重要的就是对政治信念的坚定性。只有教育者有信仰,才能对学生讲信仰。教育者应维护党的路线、方针、政策,牢固树立"四个意识"、坚定"四个自信"、做到"两个维护"对中国特色社会主义事业和中华民族伟大复兴充满信心。教育者要有政治担当,要对党的教育事业忠诚,要努力捍卫高校网络舆论和宣传阵地。教育者要有把握思想政治教育方向、掌控舆论发展全局、防范和抵制网络意识形态风险的能力,要在复杂的网络媒介环境中保持清醒的头脑和敏锐的洞察力,从而能指导大学生正确使用网络。

（2）道德素质

2014年9月9日,习近平总书记在北京师范大学师生代表座谈时提出:"做一名好老师,要有理想信念、有道德情操、有扎实学识、有仁爱之心。"有道德是教育者从事教育工作首先要遵守的行为规范和准则。思想政治教育搞好的关键在教育者,教育者的道德素质是塑造教育对象素质的前提条件。育人者必先以身立教、行为示范。教育者只有具有良好的道德素质,才能对教育对象施以积极的思想影响,使教育对象真听、真信、真感受。实践证明,高校网络思想政治教育平台的教育者,只有坚定职业理想、坚守职业道德、坚持培养自己高尚的道德品质,在思想政治教育实践活动中当为学为人的表率,用高尚的人格魅力去征服教育对象,用真理的力量去感染教育对象,赢得受教育者的尊重,才能帮助教育对象明辨是非,树立正确的价值观念,成为社会主义事业合格的继任者和接班人[1]。

（3）能力素质

在"互联网+教育"的大背景下,教育者需要有驾驭网络的能力。能力素质包括学习能力、传播能力、语言表达能力和交往能力、团队协作能力。高校网络思想政治教育平台的教育者,要具备熟练阅读原版技术资料的能力,能够实时了解网络技术的最新发展动态,及时掌握网络先进技术并运用于高校教学和管理活动中。教育者的传播能力是互联网时代教师必备的能力之一。每个思想政治教育平台传递信息的方式、速度和范围都有差别,教育者需要根据不同思想政治教育平台的特点,选择信息、加工信息和传递信息。教育者只有具备强大的传播能力,才能正确引导和规范教育对象的传播行为。互联网的使用给教育者和教育对象的沟通带来便捷。教育者只有具备清晰的表达能力和强大的交往能力,才能与大学生建立良好畅通的沟通渠道,精心栽培和引导大学生接收思想政治教育

---

[1]王丽."互联网+"背景下高校网络思想政治教育研究[J].法制博览,2020(15):243-244.

信息,主动参与思想政治教育活动,让正确的思想教育观念在其心中扎根。高校网络思想政治教育是一个系统工程,要贯穿教育的全过程,实现全员育人和全方位育人。需要全体教育部门和高校各个部门通力合作才能顺利完成。良好的团队协作能力是教育者应具备的基本素质。通过全体教育者的协同合作,可以增强队伍的向心力和凝聚力,有效地提升网络思想政治教育的水平。

（4）信息素质

教育者要想把高校网络思想政治教育开展得有声有色,就需要具备信息素质,包括敏锐的信息观察力、引导舆论的能力和维护网络安全的能力。教育者要充分了解网络媒介环境,熟悉信息生成的特点和变化规律,及时捕捉信息变化动态,分析信息变化的原因,及时对信息进行处理,把重要的思想政治教育信息准确地传递给教育对象。教育者要善于收集、整理和分析舆论信息,尤其在突发事件和敏感问题上做好宣传思想工作,引导舆论朝着正确的方向发展。教育者要有网络安全意识,自觉地抵制各种违法信息的入侵,保护好个人隐私,履行高校网络安全维护的义务。

2. 教育者的特征

（1）社会角色的多重化

与传统思想政治教育者比,高校网络思想政治教育平台的教育者在社会角色定位上具有双重性特点。社会角色一般是指:"由人们的社会地位、身份决定的一整套权利、义务的规范与行为模式,既指人们对具有身份的人的行为期望,也包括人们的相应行为。"教育者所承担的社会角色是社会所赋予的,这里的社会既包括现实社会,也包括虚拟社会。在高校网络思想政治教育平台运行过程中,教育者的社会角色由现实社会和虚拟社会所共同赋予。由于教育者的多数行为活动在网络空间中展开,因而其社会角色不是单纯由现实社会所赋予的,由于虚拟社会又依赖于现实社会存在,教育者的社会角色也不可能单纯由虚拟社会所赋予。这就造成了教育者社会身份的双重性和复杂性。

（2）施教自由度的提升

在高校思想政治教育现实环境中，教育者往往依据学校管理规划中既定的思想政治教育目标、教育内容和教育步骤开展思想政治教育活动。例如，在思想政治理论课课堂上，教育者必须在规定时间、规定地点，面对固定的教育对象，按照规定的教材体系和传统的课堂授课模式进行施教，教育者的教育行为呈现程式化而自由度不足。在网络思想政治教育平台上开展思想政治教育活动，由于思想政治教育环境由封闭变成开放，海量的网络信息为教育者提供丰富的教育资源，教育者在教育信息使用上的自由度大幅提升；互联网移动终端的广泛推广，使教育者可以在一定程度上突破时空限制，对教育对象自由施教；与此同时，多元化的网络思想政治教育平台类型，使得网络信息传递方式呈现多样化，教育者可以根据教育对象的需求，选择不同的网络思想政治教育平台开展思想政治教育活动。由此可见，在网络思想政治教育环境中，教育者被赋予了更广阔的自由空间来选择教育对象、信息以及信息传递方式，对于提升教育者对教育过程的主导性，以及教育者对网络思想政治教育工作的热情和积极性有积极的促进作用。

3. 教育者承担的职能

高校思想政治教育者承担的职能有以下几个方面：第一，牢牢掌握高校网络宣传工作的主动权，占领网络阵地。高校思想政治教育者应围绕立德树人的教育目标，利用网络思想政治教育平台宣传马克思主义理论、党的路线方针政策、社会主义核心价值观，弘扬时代主旋律，引导大学生树立坚定的理想和政治信念。第二，开展思想政治理论课网络教学的理论和实践研究，把思想政治理论课向网络迁移，利用网络信息新技术，探索"互联网+思想政治理论课"的教学新模式，形成线上和线下教学内容的有机融合，提升思想政治理论课的教学效果。第三，在网络思想政治教育平台上搭建与大学生沟通的桥梁，开展与大学生平等的互动交流，针对大学生的不同需求开展学业指导、就业指导和心理咨询指导，有针对性地开展大学生的思想政治教育工作。第四，把握大学生的思想动态和关注焦点，做好网络舆论引导工作，成为高校正确网络舆论引导的把关人和意见领袖。

(二)教育对象要素

教育对象要素一般是指大学生网民,他们构成了网络平台的主力用户。今天的大学生成长于网络快速发展的时期,他们是网络生活化的重要体验者。作为互联网时代的原住民,大学生群体的网络行为会直接影响到互联网未来的发展方向。所以,考察教育对象时,我们必须坚持系统的原则,从群体的整体性上和普遍联系性上考察大学生网络群体的思想行为特点,针对不同的学生群体开展差异化的思想行为引导,增强网络思想政治教育的渗透性和辐射面。

1.大学生网络群体成因

(1)网络的工具性可以满足大学生群体的学习和生活需要

网络作为一个极度开放的空间,大学生群体可以共享海量的信息资源,寻找到对自己有用的学习资料,也可以突破时间和空间限制与他人进行技术和学习方面的交流,满足其自我学习的需要。目前互联网有许多在线教育平台和学习类的 App 应用,可以调动大学生的学习兴趣,满足大学生学习阶段的认知需求。此外,大学生对小说、动漫、游戏、网购、直播等兴趣较高,网络的丰富资源可以满足大学生群体的工具性和目标需求。

(2)网络可以满足大学生社会交往的需要

人是社会化的产物,人的生存离不开社会交往。信息时代,运用网络进行社会交往已经成为大学生的基本需求。目前移动社交工具已经成为大学生活的重要组成部分,使他们产生浸泡式的社交体验。大学生在移动社交工具上登录较长的时间。据腾讯公布的数据,大学生日均打开社交工具次数24次,日均登录时长454分钟。如果按照清醒的16个小时算,大学生平均每40分钟就要打开网络社交工具,平均每次登录两分钟。甚至在大学课堂上,社交网络工具使用活跃度也很高。大学生之所以依赖网络社交平台,归因于网络的开放性和隐匿性。它可以降低正常的社会限制,使人减少对自己的抑制。大学生群体可以通过网络隐去身上的社会和自然特征,平等地与他人互动交往,自由地表达自己内心的真实想法,自然地流露自己真实的情感,从而得到心理上的极大满足,收获公平感、认同感、归属感和成就感。

（3）网络可以满足大学生引领时尚的需要

网络作为第四媒体最早发源于高校，大学生不仅是网络的先行者和主力军，还是网络文化的创造和引领者，他们的生活与网络平台紧密相关，网络世界的任何一项新的技术或新生事物，他们都乐于最先尝试和接收。例如，大学生在日常交流中喜欢使用的网络流行语、表情包等，体现了大学生个性化的特征。

（4）网络可以满足大学生社会角色预演的需要

当代大学生年纪轻、阅历少，社会生活经验不足，处于成长阶段的他们渴望融入社会生活，体验不同的社会角色。而网络的虚拟实践则可以弥补他们这方面的不足，在网络虚拟社区中，他们可以扮演不同的角色，熟悉角色的特定要求和社会责任。比如许多大学生喜欢玩养成类网络游戏，此类游戏可以给玩家提供不同的社会角色，不同角色需要不同的人生规格，玩家在游戏过程中通过社会角色的设定体验人生发展的不同阶段。由此可见，网络媒介环境给大学生带来了广阔的想象空间和虚拟的人生体验，为他们将来走向社会、尽快适应社会积累一定的社会经验。

2.大学生网络群体类型

大学生网络群体类型，一方面体现了现实社会中大学生群体的一般类型，另一方面也具有网络化的鲜明特点。不同群体的网络行为会呈现出差异性，这也是网络思想政治教育平台系统研究的重点。大学生网络群体类型主要分为以下几种。

（1）以群体规模区分为小群体和大群体

小群体是指在网络社区中有着直接联系和互动的网络群体，像班级微信或QQ群。这类群体特点是人数较少，群体成员直接接触，互动频繁，关系密切。大群体是指网络社区中有着间接联系和互动的网络群体，像百度贴吧或天涯社区等。这类群体特点是人数众多，群体成员主要通过间接联系进行互动，成员之间的关系松散。

（2）以群体人际关系区分为业缘群体、志缘群体、趣缘群体和地缘群体

业缘群体是指大学生因学业需求而形成网络上的交往关系，此类关系往往也是现实生活中的亲密关系，如同窗或室友。业缘群体之间学术资源的共享、学习经验的交流对大学生的学习习惯和学习态度会产生深刻的影响。志缘群体是指大学生因为志向、抱负、理想相近而结成互动群体，如马克思主义理论在线学习社团。志缘群体之间往往信仰、理想信念一致，通过积极向上的群体活动可以促进大学生的人生观和价值观的形成，对大学生未来人生规划和发展道路产生举足轻重的作用。趣缘群体是指大学生以共同的兴趣爱好为纽带结成的网络互动关系。趣缘群体之间分享共同的话题和资源，可以获得群体成员的能力认可，实现自我价值。地缘群体是按照地域或归属形成的大学生网络群体。对于在外求学的大学生来说，异地他乡的孤独感和寂寞感会引起大学生的失落、沮丧等心理不适，如果能遇到来自家乡的人群则显得弥足珍贵。地缘群体之间有相同的生活背景以及生活习惯，很容易拉近大学生的心理距离，产生彼此信任。

（3）以群体行为目的区分为情感型群体、利益型群体、参与型群体、娱乐型群体、消费型群体

大学生网络群体因为相同的目的聚集成群。情感型群体是指群体成员互动的主要目的是情感的释放和表达，群体成员通过感情的宣泄实现彼此慰藉。利益型群体是指群体成员为了维护自身权益，实现利益诉求而聚集起来，通过群体的声音来实现群体利益。参与型群体是指群体主要围绕政治参与集群。大学生群体政治敏感度强，他们渴望通过网络平台发表政治观点，参与政治活动，实现社会价值。娱乐型群体是指群体成员主要围绕网上娱乐项目开展群体活动。消费型群体是指群体成员因为网络购物等商业活动聚群。

3. 大学生网络群体的特征

（1）虚拟性与现实性

互联网是一个虚拟空间，生活在虚拟空间的个体以符号的形式出现，

即以一个个 ID 的形式进行交往,确认个体真实身份的难度较大。然而,活跃在网络空间的大学生群体同时还具有现实性特征。网络是现实社会的延伸,现实环境中大学生群体的心理、情绪、价值观等的表达都可以在网络上折射出来,现实环境中大学生关注的话题往往会引起网络社会中大学生群体的热烈讨论。同时,由于校园网络的用户群体相对稳定,使大学生群体在网络媒介环境和现实环境中的交往群体具有一致性,现实中的学生集体通过校园主页、班级微信或 QQ 群、网上社区等开展人际交流与集体活动。另一方面,网络媒介环境中形成的大学生网友群体也可以从网络走向现实,通过各种现实活动进行交往,从而形成了大学生网络群体与现实群体合一的交错状态。

（2）自由性与规范性

大学生能够在网络聚集成群是基于共同兴趣或价值观。虚拟的网络空间赋予大学生高度的自由。大学生网民可以自主决定加入或退出网络群体、参与网络群体的交往或活动、发表言论等。相对于传统群体而言,网络群体表现出明显的脆弱性和易散性特征。但是,大学生的自由是有规则的,大学生作为学校的教育对象,其网上行为必须遵守学校的相关规定,接受学校的监督和管理,高校不仅要在日常的教育管理中具有主导权,还要在大学生网络群体行为的监督和控制中具有主动性。高校要充分发挥现实环境中的资源优势、组织优势和文化优势,开展契合大学生健康发展的网络教育引导活动,从而增强大学生网络群体发展与学校教育的合力。同时,大学生网络群体也要遵循网络群体的规范,基于社群管理的需要,大学生在网络群体中的行为要受到一定限制,如某种言论只能在特定的板块和群体中发表,群体中长期不"发言"的成员可能会被"开除"等,但这些规范的力量往往很弱,效果并不明显。

（3）平等性与多元化

在网络群体交流中,个体之间完全平等,只要有共同需求,大学生可以克服地域、语言、年龄、社会地位的差别而存在于网上的同一个虚拟群体中。由于网络的隐匿功能,大学生可以隐匿真实身份,减少现实社会中的一些顾忌,把他们的价值观念、生活习惯、行为方式等呈现在网络上。

正因为网络群体中的大学生呈现多样性，从而使大学生网络群体的价值观呈现多元化。

（4）生动性与机械性

大学生网络群体交流的主要方式是依赖文字和各种符号，像表情包已成为大学生聊天必不可少的工具。丰富的网络语言使得网络交往显得十分生动活泼，这也是网络人际交流的魅力所在。但是，虚拟群体的交流是通过电脑网络实现的，是一种间接的交流。现实交往方式中人们惯用的肢体接触，例如握手、拥抱等丰富的动作语言在虚拟交往中不复存在，使得这种"人—机—人"式的交往具有鲜明的机械性特征。

4. 大学生网络群体功能

大学生使用高校网络思想政治教育平台的目的是根据自身思想发展规律，从平台中获取所需资源，通过系统学习使自己成为个性全面发展、人格健全完善、思想端正的人才。大学生网络群体承担的职能如下。

（1）思想政治教育资源的检索和学习

在传统思想政治教育活动中，大学生往往被作为客体对待，教育者与教育对象之间是支配和服从的关系。而在网络思想政治教育活动中，由于互联网的开放性和自由性，教育者和教育对象之间更多的是平等的互动关系。教育对象的主体性得到了充分的延展，他们不再被动地接受教育者的教育，而是主动通过平台检索感兴趣的思想政治教育资源进行学习。如果教育对象不主动选择教育者所传递的信息，或者教育对象缺乏网络媒介环境的自我管理和自我控制能力，就会造成网络思想政治教育效果收效甚微。因此，平台的内容设置是否契合大学生网络群体的兴趣点和关注点，成为网络思想政治教育能否取得效果的重要因素。

（2）超时空的互动交往

交往行为是大学生社会化过程中的成长催化剂。与传统的交往方式不同，网络思想政治教育平台的交往，是一种虚拟世界全新的社群交往方式。它是以互联网为中介，超越了时间和空间的限制，借助语言或者符号，教育对象与教育者之间、大学生网络群体之间形成了间接的互动关系。网络的匿名性可以有效地减少互动模式中的沟通障碍，使得教育者及时准确地了解大学生网络群体的思想动态,并有针对性地开展网络思想政治教育。

（3）自我教育和自我管理的实现

大学生学会自我教育和自我管理是网络思想政治教育得以顺利进行的关键因素。网络给予大学生更大的自由和更少的约束,大学生一旦缺乏自觉性和自控性,就容易出现网络越轨行为。如网络黑客行为、网络诈骗行为等。由此可见,网络思想政治教育的顺利开展,离不开大学生网络群体自我教育和自我管理能力的发挥,大学生应根据新时代社会的发展要求,通过网络思想政治教育平台进行自我认知、自我控制、自我调节,不断提高自身的思想道德素质,抵制网络上不良思想的侵蚀,遵守网络使用规则和道德规范,努力成为健康有序的网络媒介环境的建设者和维护者。

（三）内容要素

互联网时代带来的不仅是传播载体的变化,更重要的是人们生活方式的革新。人们在网络环境中获得了自由、自主传播信息的机会。高校网络思想政治教育要取得大学生的接收和认可,必须在平台的内容上下功夫,从满足大学生成长成才的需求出发,贴近大学生的话语体系,引导大学生自主选择网络思想政治教育内容。网络思想政治教育是思想政治教育的延伸和发展,其基本内容是有相同之处的,主要包括思想教育、政治教育和道德教育等内容。网络思想政治教育内容是以网络为载体,教育内容更加强调时效性,决定了网络思想政治教育内容具有鲜明的特征。

1.内容要素的类型

（1）马克思主义理论教育

当代大学生是时代的晴雨表,是时代最敏感的神经。当青春遇上新时代,青春被赋予了新时代的责任。对当代大学生开展习近平新时代中国特色社会主义思想的教育,使其掌握认识世界、解决问题的原则和方法。让青年树立马克思主义信仰,成长为符合新时代党和国家事业需要、担当民族复兴大任的时代新人。用习近平新时代中国特色社会主义思想武装大学生,是时代发展的需要,更是高校网络思想政治教育工作的法宝。网络思想政治教育平台要承担起传播思想的重任,让习近平新时代中国特色社会主义思想真正成为大学生的内心需要,成为大学生成长道路上的指路明灯。

(2)社会主义核心价值观教育

价值观是基于人的一定的思维感官之上做出的认知、理解、判断或抉择,是人类在认识、改造自然和社会的过程中产生与发挥作用的。对一个民族和国家来说,最持久、最深层的力量是全社会共同认可的核心价值观。社会主义核心价值观诠释了国家、社会、个人三个维度的价值统一路径,既反映了社会主义的本质要求,也彰显了时代精神。习近平总书记在北京大学考察时指出:"青年的价值取向决定了未来整个社会的价值取向,而青年又处在价值观形成和确立的时期,抓好这一时期的价值观养成十分重要。就像穿衣服扣扣子一样,人生的扣子要一开始就扣好。"互联网时代,信息传播的开放性和快捷性影响和冲击着社会价值观,高校要借助网络思想政治教育平台,开展多姿多彩的社会主义核心价值观的主题活动,不断深化大学生对社会主义核心价值观的认同,使社会主义核心价值观成为大学生日常生活的行为准则,继而成为坚定不移的理想信念,完美体现大学生的知行合一。

(3)网络道德和法治教育

随着信息技术的日新月异,网络生活已经成为当代大学生的重要生活方式。然而,网络世界并非一片净土,网络的开放性、隐匿性、随意性以及网络管理的相对滞后性使得良莠不齐的信息日益泛滥,给当代大学生正确世界观和人生观的确立增加了不小的难度。部分大学生出现道德认知模糊,道德意识弱化,直接导致道德行为失范,甚至引发个别大学生的违法犯罪行为。党的十九大报告明确指出:"加强互联网内容建设,建立网络综合治理体系,营造清朗的网络空间。"要推动网络社会的发展和进步,高校应借力网络思想政治教育平台,加强大学生的网络行为习惯的正确引导。网络道德教育是指大学生在上网时应遵守网络道德标准规范和网络文明公约,健康合理科学上网,坚决抵制网络有害信息和低俗之风。

网络法治教育是指普及网络法律常识,培养大学生的网络自律意识,培养大学生维护和遵守网络法律的行为习惯。目前我国已经颁布了一系列互联网络法律法规,如《互联网新闻信息服务管理规定》《互联网著作权行政保护办法》《信息网络传播权保护条例》《中国互联网域名管理办法》等,大学生要学习和掌握这些法律法规,正确行使法律赋予的权利和履行义务,法律禁止的事坚决不做,约束自身的网络行为,自觉维护网络空间秩序。

(4)网络信息素养教育

网络信息素养,即基于网络媒介的信息素养。党的十九大报告提出建设"网络强国"和"数字中国",这是信息化发展的必然趋势。没有信息化就没有现代化。以信息化促动现代化的一个重要标志就是提高人民的网络信息素养。高校要积极投身数字中国的建设中来,必须提高大学生的网络信息素养能力,更好地适应时代发展潮流。网络信息素养教育的内容包括信息素养教育和媒介素养教育。信息素养是由美国学者保罗•泽考斯基于1974年提出的,其含义是"利用大量的信息工具及主要信息源使问题得到解决的技术和技能"。具有信息素养能力的人能意识到需要的信息,能通过一定方法找到所需信息,能正确评价信息,合法地利用信息,最后能创造新信息。信息素养能力不仅包括自主处理信息的能力,即运用现代信息技术获取信息、识别信息的可信度、加工和传播信息的基本技能,更重要的是在快速变化的网络新环境中持有创新意识和参与意识,以及对网络不和谐现象的批判精神和维护网络健康发展的社会责任感。培养大学生的信息素养能力,需要培养大学生对信息的敏感度,了解基本的信息科学和技术知识,掌握采集、加工、使用、创造信息等方面综合应用信息的能力,以及最终能依照相关的法律、法规、制度和礼仪来使用信息。媒介素养研究最初是在英国开展,主要针对大众传播媒介传播的通俗文化,对传统精英文化造成了不小的冲击,英国提出的媒介素养实际上是对媒介传播的文化的优劣辨别。媒介素养教育是指培养公众对各种媒介信息的解析、判断能力以及使用媒介信息,为个人生活、社会发展所服务的过程。其最终目的是培养具有较强辨别能力、能独立解读媒介信息的优质公民。媒介素养重在对媒介的解读、思辨和欣赏,而信息素养强调信息检索、识别、组织、利用等能力。信息素养和媒介素养是21世纪公民必备的基本素养,随着信息传播进入自媒体时代,各国都在致力于提升公民的网络信息素养,网络思想政治教育平台应承担起大学生网络信息素养教育的重任,树立网络道德规范和法律意识,培养大学生网络信息综合运用能力,使高校思想政治教育工作真正面向现代化、面向世界、面向未来。

(5)网络心理健康教育

良好的心理素质是大学生全面素质中的重要组成部分。互联网技术的迅猛发展改变了大学生的人际互动模式,拓展了大学生的交往空间,缓解了大学生的心理压力。与此同时,网络中大量不良信息冲击着大学生的认知、情感、意志、人格和心理,给大学生的生活和身体健康带来了消极影响。重视大学生的网络心理健康教育是全面推进素质教育、培养创新人才的迫切需要,也是实施网络思想政治教育的人文关怀、指导大学生人格优化的迫切需要。高校网络思想政治教育平台可以传播大学生心理健康知识,提供大学生有关意识发展、情感教育和人格优化等心理教育辅导与咨询服务指导,让每个大学生都能方便快捷地得到心理服务,从根本上保证大学生的心理健康发展,全面保证高校网络思想政治教育的有效运行。

(6)中国优秀传统文化教育

一个国家、一个民族的强盛,总是以文化兴盛为支撑的。习近平总书记指出,中华优秀传统文化是"中华民族的基因""民族文化血脉"和"中华民族的精神命脉",没有中华优秀传统文化的传承和弘扬就没有中国梦的实现。在中华优秀传统文化的传承路径上,要融入教育的各个环节,贯穿教育的各个领域。面对外来文化的不断涌入,相当数量的大学生对中国传统文化知之甚少,对外来文化却如数家珍。面对中国传统文化断层、流失的现状,高校应举起宣传和传承中华优秀传统文化的旗帜,让营养丰富的中华优秀传统文化,通过高校网络思想政治教育平台进入校园、进入课堂、进入每一名大学生的内心,让大学生担负起民族和时代赋予的责任,努力成为弘扬中华优秀传统文化的中坚力量。

2.内容要素的定位

(1)实现教育者和教育对象互动的链接和纽带

教育内容是双向流通于教育者和教育对象之间的文字、语言或表情的符号。失去了思想政治教育的内容,也就失去双方关系建立的基础,使得教育活动无法正常开展,教育失去了自身的意义和价值。以教育内容为基础架构起的教育过程中,教育者和教育对象扮演各自的角色,承担各自的责任和义务。在教育互动中,教育者向教育对象传递特定的教育信息,同教育对象围绕教育内容展开讨论、答疑解惑,在与教育者深度互动后,教育对象可以收获知识上、思想上和道德品行上的提升。由此可见,教育者和教育对象并不是孤立存在于教育过程中,正是基于教育内容使他们之间产生了相互依赖和相互作用,实现教育者与教育对象在思想上和情感上的互动与交流。

(2)实现思想政治教育任务和目标的重要载体

一般来说,目标和任务都是一种整体的设想和规划,具有明显的方向性和指向性。那么,目标和任务如何实现?这就需要借助于教育内容的具体化。思想政治教育内容的具体化,是目标和任务实现的重要标志。具体来说,网络思想政治教育平台上的教育内容的选择、设计、编排、传达与宣传,并非任意而为之的,必须在教育任务和目标设定的框架内,围绕着实现教育的目标和任务而展开。教育内容是制定大学生网络思想政治教育任务和目标的依据,若要真正完成教育任务和目标,必须通过教育内容的细化,才能真正把教育任务和目标落实到位。

(3)开展思想政治教育实践活动必不可少的重要因素

任何教育活动的开展都要依托于一定的教育内容,没有教育内容,教育实践活动将成为无本之木、无源之水。高校网络思想政治教育实践活动的开展,是诸多因素如教育者、教育对象、教育内容、教育载体、教育环境、教育制度等各个因素相互配合、相互作用的结果。在众多因素中,教育内容是最核心、最关键的因素之一。网络思想政治教育的内容是教育者向教育对象传递对其品行起正确引导的信息,是构建教育实践活动的基本要素。网络思想政治教育目标的实现、任务的达成,必须通过具体的教育内容的传播来实现；教育载体或方法的选择，也都是围绕着教育内容能否更好地让教育对象接受来进行。

(4)提高思想政治教育实效性的助力器

开展教育实践活动的终极目标是教育对象从中获得某种能力，即教育的实效性。由于教育内容在教育实践活动中的重要位置，教育内容会直接影响到高校网络思想政治教育的实际效果。从整体上看，网络思想政治教育的内容不仅影响着教育手段的选择、教育任务的实现以及教育目标的达成，还影响着教育对象对教育内容的认知程度和认可程度，可以说，教育内容是协助教育实践活动有效开展的利器。高校要通过网络思想政治教育平台开展丰富的教育实践活动，积极向大学生传递主旋律和社会主义核心价值观，使之内化成大学生的思想道德素质。由此看来，教育内容的先进性和科学性将有效地提升思想政治教育的效果，反之会削弱思想政治教育效力的发挥。

(四)载体要素

载体是指能承载和传递知识或信息的物质、工具或技术手段。载体是网络思想政治教育体系中的核心组件，是附载、传输思想政治教育信息，为主体所运用并与客体有效互动的符号系统。载体是系统中各种要素的连接点，教育目标的实现、教育任务的完成、教育内容的实施、教学方法的应用等都离不开载体。高校网络思想政治教育平台要想不断走向成熟和完善，必须有一系列载体作为依托、支撑、推动和保障。高校网络思想政治教育平台不仅是一个承载数字信息的技术平台，还是一个承载虚拟空间、具备特殊的运行规则和管理方式的新型社会环境。随着移动互联网技术从以邮件等应用技术为代表的web1.0阶段进入到以移动互联网、大数据技术为代表的web3.0阶段，大学生的网络思想政治教育进入了全面深化的阶段。高校网络思想政治教育平台在性质上不再是一种单一类型的载体，而是呈现多元化特性。高校网络思想政治教育的平台类型众多，根据网络平台的性质将其分为网络社交服务平台、思想政治理论课网络教学平台、思想政治教育主题网站、网络文化平台、网络虚拟活动平台等。目前网络思想政治教育中运用最广泛、使用频率最高的是以微信和微博为代表的在线社交网络平台、思想政治理论课网络教学平台、思想政治教育主题网站。本文以这三类为研究重点,展开高校网络思想政治教育平台的剖析。

1.网络社交服务平台

网络社交服务是基于六度分割理论建立的互联网服务。哈佛大学心理学教授斯坦利·米尔格拉姆在1967年进行了一次连锁信件实验,实践结果表明,平均只需要5个中间人就可以联系任何两个互不相识的美国人。根据结论米尔格拉姆推断出,一个人想要和任何一个陌生人认识或进行联系,最多通过6个人就能够实现,这就是六度分割理论的原理。六度分割理论表明社会关系中普遍存在的"弱纽带",但却足以发挥非常强大的作用,通过弱纽带,人与人之间的距离变得非常"相近"。网络时代带来信息交流的便捷,不断涌现的新兴媒体带给人们类型繁多的社会交往途径。作为与网络共生的当代大学生,数字化生存、社交化生活已然成为常态。网络社交服务平台已经成为大学生获取信息的重要渠道,影响着大学生对世界的看法以及思考问题的角度。当前高校网络思想政治教育面临着网络舆论多元化的语境,要想筑牢大学生的思想根基,守好价值底线,就必须了解大学生的网络社交习惯,找到与大学生对话的渠道和路径,把握网络舆论的话语权。网络社交服务平台可以分为四种类型。

(1)即时通信平台

即时通信是指网民能够即时发送和接收互联网消息。即时通信使网络用户可以即时进行两人或多人以上各种形式的沟通,是网络中使用广泛的一种人际传播手段。即时通信平台的代表有:QQ、微信。QQ是腾讯公司开发的一款基于internet的即时通信(IM)软件。其标志是一只戴着红色围巾的小企鹅。作为一个拥有23年历史、亿级用户的社交软件,腾讯QQ除了支持在线聊天、视频通话、点对点断点续传文件、共享文件等功能外,还有阅读、动漫、音乐、直播等功能。微信是腾讯公司于2011年推出的一个为智能终端提供即时通信服务的免费应用程序。功能强大是微信从众多媒介中脱颖而出的一大优势。

即时通信平台的优势体现在三个方面:第一,传播速度即时性。即时通信强调同步性和时效性。网络之所以广泛应用是因为信息传播快捷。即时通信工具为网络用户架起良好的沟通渠道,用户可以随时随地进行信息沟通、交流和反馈,从而节约了大量的时间成本和经济费用,即时通信媒介中的互动频率、互动方式、互动规模都是传统传播媒介无法比拟的。第二,传播方式多样性。即时通信工具不用拘泥于用户之间的时空距离,把传统的面对面的交流延伸到网络。即时通信工具操作简单方便,用户可以通过文字、语音图片、音频、视频等多种信息进行"面对面"的交流,信息传递方便快捷,适合各种年龄层次的人群使用。第三,传播内容无限性。即时通信工具的信息传递能力强大,允许多人实时传递文字信息、文档、语音以及视频等信息流。信息大小没有限制,可以进行超大容量信息传输,这是其他互动平台无法比拟的。例如运用电子邮件传递较大容量文本信息时,必须以附件形式加载,附件大小必须在规定值以下。超出规定值就必须对信息进行分割,进行多次传递。QQ传送的文件不受格式限制,在线传送文件的容量是没有上限的,离线文件的传送,单个文件的容量不超过4G。如此强大的功能可以让大学生更好地共享教育资源。

（2）社交网络

众所周知,社交是人类的基本需求。随着移动互联网的兴起,人与人之间的联系进一步加强,网络社会交往的需求愈加强烈。在线社交平台就是为人们提供网络社交服务的平台。在线社交平台的代表是QQ空间、SNS(人人网)等。QQ空间是中国最大的社交网络,是QQ用户的网上心情家园。QQ用户可以在QQ空间中用网络日志写日记、写心情,用网络相册上传图片,用音乐盒听音乐;除此以外,用户还可以根据自己的心情设定空间的装饰风格,可以使用皮肤、背景、挂件等各种道具,从而使每个空间都有自己的特色,成为一个展示个性和自我的平台。QQ空间的一大特色是分享,当有好友进入用户的空间,无论查看相册、留言还是日志评论,软件都会主动提示用户,让用户随时随地掌握空间动态,加快了空间好友间的信息传递。

社交网络的优势体现在三个方面:第一,传播能力强。QQ空间、人人网等是基于好友关系或熟人关系的在线社交平台,用户之间主动分享和互动的可能性更大。因为用户会对熟人分享的信息关注度和信任度更高,更愿意点击和转发,因此信息通过裂变式转发迅速实现大范围传播,传播能力甚至超过了大众媒体。第二,用户自动聚类。用户在使用在线社交平台时,对关注对象的选择有充分的自主性。他们可以根据自己的兴趣爱好搜索和选择关注的对象。基于共同爱好的群体迅速结网聚合,建立稳定的网络人际关系。第三,用户间互动性强。用户在在线社交平台上添加的好友,与现实生活中的社交圈高度重合,用户之间的网络交往更加真实,更有利于互动交流。

(3)微博

网络时代,对人际交流的快速便捷的强烈需求,是微博诞生并不断发展的催化剂和助推器。微博是微型博客(Micro Blog)的简称,是一种通过关注机制进行信息分享、传播以及获取的社交网络平台,任何人都可以免费注册,发表思想观点、评论时事新闻、记录心得体会等。人们阅读方式的改变,为微博的产生和发展提供了更多便利的条件。为了方便手机阅读,微博的字数控制在140字以内;微博发布简便,用户可以通过互联网发布信息,也可以通过发短信的方式即时更新状态;微博增加阅读量需要依靠粉丝的广泛关注和转发;微博使用人数众多,影响范围更广。微博平台的代表是新浪微博。2009年8月,中国最大的门户网站新浪网成为中国第一家提供微博服务的网站。

微博平台的优势体现在四个方面:第一,操作简单,使用便捷。微博的规定字数是140个字符以内,同时可以附加少量的图片、表情符号、视频和音频来丰富信息内容。这就要求微博内容要简单易懂,便于用户接受和转发。因此微博发布信息的门槛较低,信息内容往往呈现碎片化,不需要追求文本的专业性或逻辑性,只要用户有表达的欲望或冲动,就可以通过微博即时发表自己的观点。微博这种自由随意的个性化表达方式,打破了交流框架的限制,更贴近普通人的日常交流习惯,使得微博成为自媒体表达的主渠道。微博发布信息渠道丰富;除了传统的网站外,微博开通的多种 API 接口,使得用户可以通过手机、电脑等多种方式即时更新信息,实现了全渠道发送信息。第二,传播速度快,影响范围广。微博把手机通信与即时通信软件相互链接,在信息发布的速度上具有极大的优势。尤其是面对重大突发事件,只要拥有移动通信设备和网络就可以第一时间发送微博信息。在信息传播模式上,与微信专注于朋友圈熟人间信息的交流不同,微博的传播是建立在更宽泛的社会关系上,呈现出点对面的传播特点。用户只要点击关注就可以接收到关注对象微博更新的信息,不论他们是否熟悉、关系是否紧密。第三,沟通自由,凸显个人话语权。与其他媒介形式相比,微博较低的使用门槛和口语化的表现特征,简化了交流的步骤并打破了受限的交流框架。它为每一位有意愿表达的个人提供了信息传播和意见表达的渠道。每一个微博都是个人微信息管理的有效载体,可以依照个人的要求和偏好定制。由此可见,微博打破了传统媒体的话语垄断,建立起了以个人为中心的话语圈,调动了广大网民参与网络表达的积极性。第四,互动性强,易形成舆论场。微博最大的特点是关系互动,微博用户可以通过关注、留言、评论、转发等功能对关注的微博内容进行反馈,被访问的信息发布者可以获取评论并点赞,也能循着评论者的地址进行回访,从而形成了信息的实时分享和交流。微博用户的活跃度较高,每个用户既可以是消息的制造者,也可以是信息的传播者。微博用户之间依靠相互信任和认同,主动参与社会热点事件的交流和沟通,从而形成了公共事务的关注焦点,再加之微博信息传播速度快,影响范围广,因而形成了强有力的舆论导向,释放出无以复加的巨大能量,最终影响乃至左右社会热点事件的进展。

(4)共享空间平台

网络的交互性为用户共享信息资源提供了广阔空间。常见的共享空间平台有论坛、视频分享平台、评论分享平台等。论坛常被称为 BBS(电子公告板系统),是一种以网络为媒介的交流平台。早期的论坛主要是通过网络来传播或获得消息。现在的 BBS 更像一个网络上的公共场所,大家通过 BBS 进行公开话题的交流与讨论。网络上受欢迎的 BBS 有水木社区、北大未名 BBS、天涯论坛等。视频分享是指在线视频服务平台,提供视频的发布、播放、搜索、分享等功能。用户通过视频分享平台可以在线观看到海量的视频，还可以把视频粘贴到博客、论坛、社交网站上进行视频分享。视频分享网站有优酷视频、腾讯视频等。评价分享平台是指对网络上公开的信息进行评论并分享评估结果的服务平台。评价分享平台可以分为三类：第一类是点评类。代表平台大多为商业服务网站，如大众点评、淘宝、京东等等。这些网站一般都会有服务评论区，可以让购买过商品或者服务的用户发表自己的感想，对该平台的服务或者商品进行评价。一方面，这个功能有利于其他用户在购买产品或者服务时，能够有一个参考意见。另一方面，这个评论区也在一定程度上迫使商家需要保证自己服务或者产品的质量。例如，大众点评网上用户可以直观地看到关于商家各方面的评分，用户可以点赞或评论。第二类是分享类。代表平台有网易云音乐、B站等。网易云音乐是通过点赞和评论，B站是通过弹幕最终形成排名机制。排名的高低可以反映出网站内容的受欢迎程度和用户数量。第三类是问题类。代表平台是知乎。知乎是一个真实的网络问答社区，用户围绕着某一感兴趣的话题进行相关的讨论，分享着彼此的知识、经验和见解。知乎的用户层次多样，知乎的内容广泛，既有大众类话题，又有科学类话题。在知乎上，用户既能看到非常专业的科学知识，也能看到解决日常生活疑惑的具体问题。

共享空间平台的优势体现在四个方面：第一，平台操作方便。无论是论坛、视频分享还是评价分享平台都设置搜索引擎，能够快速搜索到用户需要的信息，都可以一键转发到其他社交平台。第二，用户交互性良好。共享空间类平台擅长的就是交互，通过分享、讨论、评价和转发等方式，构建用户的网络人际关系。当热门事件产生后，通过用户间的人际关系和互动交流使网络参与的人数剧增，从而推动网络热门话题的形成。第三，议题涵盖广泛。论坛和评价分享平台的用户分布广泛，内容种类繁多，包罗万象。大学生、互联网从业人员、教师和律师用户占较大比重，学历水平较高。他们会基于自身知识对讨论议题进行多角度的阐述，对问题进行专业性和客观性的指导，具有较高的参考价值。第四，引导网络舆论走向。共享空间平台往往是公共事件的信息源头，例如2016年引发网络关注的"魏则西事件"中，大学生魏则西因误信百度推荐的医院和治疗方法，导致患滑膜肉瘤去世，他在知乎多次发帖和回复，被网民所关注并被分享至微博、微信等其他平台，迅速成为网络热门话题，引发关于百度医疗竞价的网络讨论，形成了网络声讨"莆田系"的舆论走向。

随着智能手机的普及和媒体技术的飞速发展，网络社交平台的类型更加多样化，头条号、短视频(以快手和抖音为代表)、手机直播等平台的用户越来越多，许多网络社交平台朝着复合型方向发展。像微信就同时拥有即时通信平台和社交网络的特点，取代了人人网，知乎这种新型网络社区取代了BBS。用户的产品体验和满意度已经成为网络社交服务平台生存和发展的重要因素。

2.思想政治理论课网络教学平台

如今网络化已成为当代大学生的生活常态，对大学生思想行为带来了全方位、深层次的影响。目前，思想政治理论课是高校思想政治教育的主渠道，互联网背景下的高校课堂面临着前所未有的挑战。由于智能手机的普遍使用，大学生对教学内容兴致不高，上课时低头的现象普遍存在，用手机上网查资料、看视频、玩游戏、刷朋友圈、购物已成为许多大学生的课堂常态。这些现象已经严重影响了思想政治理论课的教学效果和育人功能。高校的思想政治教育必须始终以大学生为主体和中心，消除他们对思想政治理论课的抵触情绪，调动其学习积极性，构建与网络时代相适应的教学模式、教学内容、教学方法和教学评价。"互联网+思想政治教育"是创新高校思想政治教育的教育路径。思想政治理论课的网络教学，应成为传统课堂面授教学的辅助手段及传统课堂的网络延伸。思想政治理论课网络教学平台可以分为以下几种模式。

(1)慕课(MOOC)

我国的慕课数量现在已经稳居世界第一。慕课在中国的代表平台有中国大学MOOC、学堂在线、网易公开课等。中国大学MOOC是由网易与高教社携手推出的在线教育平台，平台与北京大学等120余所高水平大学和知名机构合作，汇集中国30多所顶级高校的精品课程，课程总数超过5000门，注册用户超过1000万，选科人次突破4000万，人均选科4门。被称为中国版的 Coursera,中国大学 MOOC 可以说是国内大学教育的首选,每一个有意愿提升自己的人都可以在中国大学 MOOC 免费获得更优质的高等教育。学堂在线是清华大学于 2013 年研究开发的中文慕课平台,致力于为公众提供系统全面的高等教育,汇聚并共享全球优质教育资源,提升教学质量,促进教育公平。可汗学院、BBC、TED 等机构的教育视频、图文信息,内容涵盖人文、社会、艺术、科学、金融等领域。随后网易公开课项目正式推出中国大学视频公开课,首批上线的是清华、北大等 10 余所高校的 20 门公开课程。网民只要通过互联网即可享用这些课程。

慕课的优势体现在四个方面:第一,大规模性。传统的课堂教学受制于场地空间,对参与学生人数进行一定的限制。一些优质的课程资源只能被来教室里上课的学生所获取,不能被更多的人学习到,使得好的教师被限制在课堂内。慕课是一种网络在线学习形式,对学习人数没有要求,可以不断地扩大规模。随着参与慕课学习的人越来越多,和慕课合作的高校也逐渐增多,可供学生选择的网络课程遍布各个学科各个领域。网易公开课上的可汗学院就提供了成千上万的教育资源向世界免费开放。尤其对思想政治教育类课程而言,慕课的应用可以让更多的学生了解和学习课程,增强了教师对思想政治教育课的理论自信。第二,开放性。传统的课堂教学在时间上和空间上都相对封闭。上课时间固定不变,在有限的时间内,学生不能完全掌握教师的授课内容;再加之课堂学习时间的有限,使得课堂的教学空间很难和学生的课外生活空间实现有效契合。慕课突破了时空和地域的限制,带来一种全新的学习体验。海量的学习资源是开放的,它可以让世界上最好的教育资源,传送到地球最偏远的角落,慕课没有筛选机制,对学习用户不限制人数、不限制身份。只要是慕课平台的注册用户,在具备网络的条件下,可以选择在任何时间、任何地点,选择教学内容自主学习。第三,自主性。在传统课堂上,教师具有一定的权威性,按照统一的教学计划开展教学工作,容易忽视学生的个体差异,学生的学习主动性无法体现。慕课转变了传统的教与学的方式,是慕课教育的一大特点,根据心理学家研究,人类高效集中注意力的时间为 15

分钟左右,慕课视频的时长约5~15分钟,每个小的知识点相对独立,这种教学内容设计方便学生根据自己的学习速度和方式合理安排学习进程,可以利用碎片化时间进行学习,也可以跳过已经掌握的知识,对未掌握的知识点进行反复学习,慕课在思想政治理论课程的应用可以满足更多学生的个性化需求,利于激发学生学习的主动性,提高学习效率。第四,互动性。教学活动的有效开展离不开教与学的互动。在传统的课堂教学方式中,教师和学生很难做到充分互动。慕课之所以受到广大学生的欢迎,是因为慕课实现"以教师为中心"向"以学生为中心"的转变,教师和学生都是参与者的身份,双方之间更便于沟通,慕课提供了多种的线上交互模式,如课程内的交互式练习、网络问答社区、留言板等。使得老师与学生之间,学生与学生之间就课程问题进行有效沟通,展开讨论,答疑解惑。

(2)在线直播课程

2016年被称为"网络直播元年"。各类直播软件给当代年轻人提供了一种参与性和个性化的娱乐方式。随着"互联网+"教育理念的深入,这种传播模式也引入教育领域,成为快速发展的在线教育的新方向。目前,许多高校开始尝试网络直播课程。2018年4月,复旦大学、同济大学、上海财经大学等10所院校组织了12位思想政治课教师,走上B站等直播平台,以直播方式为杨浦区的创业青年和社区党员开展社区党建、思想政治工作。

在线直播课程的优势体现在三个方面:第一,与录播课程相比,在线直播课程最大的特点是其互动功能。许多在线课程都采取录播方式,通过课后答疑和论坛讨论形式实现教师与学生的互动,互动的时效性差。在线直播课程弥补了录播课程的遗憾,在直播思想政治理论课过程中,学生可以通过实时评论对教师进行提问,教师可以实时根据学员对课程的反馈,对授课内容进行合理化的调整,从而使得课程更容易被学生接受,提升学生的学习效率。第二,直播课程真正实现了一对多的课堂模式,只要有稳定的技术服务支持,直播课程可以大大减少人力、时间成本。第三,直播课程使知识没有距离。直播课程不仅可以给学生带来更多知识和思辨的声音,还可以减少学生与教师之间的隔阂,使两者之间的距离感缩小,通过对学习环境的轻松化,提升思想政治教育在线课程的质量和影响力。

(3)智慧课堂

智慧课堂是以大数据、云计算、物联网等新一代信息技术为手段,以传统的课堂教学为依托而形成的信息化教学实践平台。代表平台有中成智慧课堂、雨课堂等。

智慧课堂的优势体现在三个方面:第一,手机成为教学的重要工具。目前,大学生对智能手机的依赖性越来越强,思想政治理论课课堂上低头看手机的学生并不少见,手机已经成为课堂教学的干扰源,严重影响了教师的授课热情和知识的吸收效果。而智慧课堂却让手机成为课堂教学的协助工具。教师用户可以通过智慧课堂,将带有慕课视频、习题、语音的课前预习课件推送到学生手机,让学生提前预习知识点,课堂上学生可以通过手机弹幕参与课堂讨论、主题调研,与教师形成有效的课堂互动。第二,智慧课堂提供丰富教学应用。智慧课堂为教师提供了灵活易用的备授课系统、丰富的教学资源和教学工具,除此之外,智慧课堂还可以进行智能考勤、随堂测验、课堂红包、任务自动提醒、课堂效果数据分析等工作。既使教学变得生动有趣,也使课堂教学更高效有序。第三,教学效果反馈及时、教育评价有据可依。教师可以在课后通过智慧课堂大数据分析学生课堂上的学习行为和学习状态,为更好地评价学生提供了数据支持。

(4)微课

微课是以短小精悍的在线视频为表现形式,呈现碎片化学习内容、过程及相关教学素材的在线课程资源。微课是针对某一主题进行知识讲解或教学活动的开展,内容包括与教学主题相关的课堂视频、音频、课件、学生练习教师评论及课程反馈等。

微课的优势体现在四个方面:第一,教学时间较短。一般课程时长都在45分钟左右,学生很难持续保持的最佳学习状态。微课程一般时长为5~8分钟左右,学生可以集中注意力进行有效的学习。第二,主题突出。微课程侧重于点而不是面,一个课程就是一个主题,侧重于教学中的重点、难点和疑点的讲解，重点突出，内容具体。第三，资源容量小。微课资源的总容量一般在几十兆左右，便于下载保存到移动数据端(U盘、手机、笔记本等)，实现移动学习。第四，制作简单。微课内容微小，制作耗时较短，再加之有微视频制作App，操作简单，容易上手，只需简单几步即可完成一部动画微课。制作技术的低门槛使得人人都可以成为微课程的研发者。

3.思想政治教育主题网站

思想政治教育主题网站是高校开展思想政治教育活动的主阵地，是高校对外宣传的重要平台，是展示学校形象的重要窗口，在传播社会主义主旋律、凝聚正能量、引领社会舆论中发挥着不可替代的作用。当前，高校的思想政治教育主题网站从内容形式上可以分为两大类型：第一类是综合教育网站，这类网站的内容和形式都是围绕大学生的校园生活展开，涉及到大学生的思想建设和各类型的服务功能。例如，大学生的爱国主义教育、道德教育与法律教育、就业与创业教育；心理健康咨询服务、课程学习规划服务等方面的内容，与大学生每一步的成长阶段都休戚相关。第二类是专题教育网站，这类网站主要是提供思想政治教育资源，如马克思主义中国化最新理论成果、党的领导人的重要讲话、重大会议精神、国家的重大政策和方针，或侧重于思想政治教育的某一项功能的实现。

思想政治教育主题网站的优势体现在两个方面：第一，角色定位明确。与其他综合性或娱乐性网站相比，思想政治教育主题网站的最大特点，是它的受众群体定位明确。高校师生是思想政治教育主题网站的主要受众，尤其是大学生，其主要目的就是利用网络丰富的信息资源，建立网上宣传阵地，宣传马克思主义思想，党的路线、方针和政策，社会主义公民的道德和法律规范；利用网络的交互性，开展师生之间的互动交流；利用网络的渗透性，掌握学生思想动态，有针对性地做好学生思想政治工作，真正实现因材施教、有的放矢。因此，高校思想政治教育主题网站要提升政治性和思想性，要做到思想鲜明、主题明确，传播的内容要有一定的方向性，弘扬主旋律，传播正能量。第二，交互功能突出。网络信息社会中，一些商业网站为了经济利益，增加点击率，用各式各样的内容来吸引大学生的好奇心和注意力。大学生精力充沛、思维敏捷、个性张扬,但同时思想变化快,情绪波动较大,容易走极端。高校思想政治教育者要关注大学生的这些特点,走近大学生,洞察他们的思想变化,感知他们的内心情感,尤其要倾听大学生在网络发出的声音,甚至包括过激言论。高校思想政治教育者要通过交往的方式开展思想政治教育,只有与大学生形成换位思考,了解大学生的所思所想,倾听他们的声音,才能走进他们的内心,增加大学生对主题网站的认可度。

高校网络思想政治教育平台除以上三种基本类型外,还包括网络文化作品平台和网络虚拟活动平台。网络文化作品平台主要包括教育者在网上编写或转发的教育性文章、段子或小说;具有教育内涵的网络影视作品,如网络微电影、微视频;有教育意义的网络游戏等;网络虚拟活动平台主要包括在线的社会调研、网络公益慈善活动、网络文明创建活动等。

（五）环境要素

高校网络思想政治教育平台的环境,作为一种虚拟数字化空间,是以计算机技术和虚拟现实技术为基础而形成的影响人们的价值取向、心理和思维方式的一切外部因素的总和。环境不仅影响高校网络思想政治教育平台,而且在很大程度上影响和塑造着高校网络思想政治教育平台。它们之间是相互作用、相互依赖的共生关系。高校网络思想政治教育平台环境包括平台的自身环境和平台的外部环境。

1. 高校网络思想政治教育平台的自身环境

校园网络环境是高校网络思想政治教育平台的自身环境,大学生的大部分时间是在校园中度过的,校园网络环境对大学生的思想品德的塑造会产生具体而深远的影响。经过近10年的发展,高校网络在制度建设、队伍建设、技术升级等方面都有所突破,为净化网络空间、维护网络秩序提供了坚实的保障。与此同时,我们也要看到高校校园网络媒介环境治理的复杂性和艰巨性。一方面,以美国为首的西方传媒大国凭借其信息传播的控制力和影响力,将网络作为意识形态渗透的首选工具。这势必会对尚未建立正确的政治立场和政治观点的大学生造成政治立场的干扰和冲击。另一方面,一些商业网站奉行经济利益至上的原则,使得网上暴力、虚假信息无孔不入，严重干扰了大学生的价值判断和行为规范，给大学生思想政治教育工作带来不小的挑战。

2.高校网络思想政治教育平台的外部环境

社会大环境是高校网络思想政治教育平台的外部环境。高校网络思想政治教育平台与社会大环境之间是相互作用、相互影响的共塑共生关系。高校网络思想政治教育平台的外部环境可以分为宏观环境和微观环境两部分。

(1)宏观环境

宏观环境是指与高校网络思想政治教育平台相关的经济、政治、文化和社会条件。

经济环境直接影响着当代大学生思想品德的要求和规格，决定着高校思想政治教育的发展水平。社会主义市场经济的纵深实践与发展为高校网络思想政治教育平台提供了雄厚的物质力量。互联网、大数据和人工智能依托实体经济有了长足的发展。在社会主义市场经济环境中，大学生的竞争意识、效率意识、民主法制意识和创新精神得到了增强，与此同时，物质至上、实用主义、个人主义、急功近利等市场经济中的不良因素，对大学生的价值观造成了不同程度的冲击。因此，一方面，高校网络思想政治教育平台建设要适应中国数字经济发展的需要，实现创新发展；另一方面，高校网络思想政治教育平台要做好大学生价值观教育，为社会主义现代化建设提供精神动力、智力支持和思想保证。

政治环境包括了国家政权性质、民主与法制状况，执政党的路线、方针、政策和宣传舆论等多个方面。政治环境直接影响和规范着人民的政治方向、政治立场、政治观点。在当今的国际政治格局中，以美国为代表的西方发达国家和以中国为代表的新兴市场国家，与发展中国家之间力量对比的差距在逐渐缩小。尤其是中国跃居世界第二大经济体后，引发了一些西方国家的焦虑。西方大国对中国和平演变的意图更加明显。社会主义制度与资本主义制度的共处和斗争从军事领域到经济领域，从经济领域到意识形态领域。尤其是意识形态领域的争夺更加隐蔽。高校已经成为意识形态争夺的主战场。当代大学生有较强的政治敏感度，对政治领域发生的事件会产生浓厚兴趣,但是他们又缺乏政治分辨力,容易受到错误思想的干扰和误导。西方大国通过互联网宣传他们的民主政治制度,抨击中国现行的政治体制,企图达到分化和西化大学生的目的。因此,中国要继续改善社会主义民主政治制度,为高校网络思想政治教育平台的发展提供运行规则和制度保障。

社会文化环境就是围绕在人周围的各种社会文化因素。文化不仅可以外化为风俗习惯、宗教信仰、饮食建筑、生产生活等,还可以内化为人们的民族性格和文化素质,对人们的思想观念和行为方式会产生潜移默化的影响。当前复杂的国际环境下,西方文化通过各种渠道对我国进行输出和渗透。在网络媒介环境中,西方多元文化借助网络传播的广泛性对中国传统文化和社会主义文化形成了强烈的冲击,尤其是一些社会思潮冲击着大学生的思想观念,影响着大学生的价值观选择。高校网络思想政治教育平台要肩负起弘扬和宣传中国优秀社会主义文化的重任,使大学生树立和坚定"四个自信",使文化软实力成为我国参与世界竞争的利器。

社会环境主要是指社会中的人与人之间、个人与群体之间、群体与群体之间的各种社会关系。我国正处于社会转型期,传统的社会结构发生裂变,社会资源重新分配,社会利益重新调整,人们的价值观呈现多元化,社会矛盾和社会问题频发。政府与民众之间、市场经济利益主体之间、社会成员之间都不同程度地存在信任危机,重塑社会信任成为我国社会建设的重要任务。高校网络思想政治教育平台要在推进社会主义核心价值观的建设、诚信制度建设等方面发挥积极作用。

(2)微观环境

微观环境是指与高校网络思想政治教育平台相关的校园环境、家庭环境和同辈环境。

校园环境是由高校师生、校园设施、校园文化等诸多因素构成的复合体。校园环境从其性质上划分大致有以下两个层次:一是校园的物质环境,属于高校的硬件部分。主要是指学校的硬件设施,如教学楼、图书馆、实验室、运动场等,校园物质环境既是网络思想政治教育平台生存和发展的物质基础,也是承载学校校园文化,展现良好的校风、学风的载体。优质的校园物质环境可以为大学生提供舒适的学习和生活环境,陶冶情操、塑造心灵。因此,高校要重视校园物质环境的建设,充分发挥校园物质环境的育人功能。二是校园的精神环境,属于学校环境的软件部分。它相对于学校的硬件环境而言,指的是能够承载精神文化的软件设施,包括学校的办学理念、师资力量、管理手段、学生的精神风貌、校园文化氛围等。校园的精神环境是渗透和弘扬大学精神的重要途径。健康的校园文化环境,可以陶冶大学生的情操,启迪大学生心智,提高大学生的认知水平,引导大学生的正确思考。由此可见,校园的精神环境对大学生思想品德的养成、核心价值观的培育,以及对高校网络思想政治教育平台的运行都具有特别重要的意义。

家庭环境不仅是大学生主要的生活场所,也是他们接受社会化的第一个环境、个体社会化的开端。家庭环境会对大学生的人格塑造、价值取向、审美情趣都具有奠基的作用。每个人的成长过程对家庭都有很强的依附关系。父母是孩子的第一任教师,家庭的启蒙教育与父母的言传身教会影响到大学生最初的世界观、人生观和价值观的构建,以及成年后的思想观念和政治观点。鉴于家庭环境对大学生个体的重要影响,高校网络思想政治教育平台的发展要发挥家庭环境的积极作用。同辈环境是具有大体相同的教育程度、社会背景或意识形态、兴趣爱好相近者自愿组合的一种非正式的社会结构。同辈环境对高校学生政治社会化影响重大。从人际互动的角度说,那些在教育程度、社会背景、兴趣爱好等方面具有较大相似性的同龄人之间最容易发生人际吸引和相互影响,它的群体规范和价值往往被青年当作重要参照系。在网络虚拟社会中,大学生同辈环境的表现形式更加突出,微信群、QQ群、网上论坛等网络聚群形式逐渐无视年龄、性别、地域等同辈特征,更加凸显共同的价值观和文化认同。大学生在网络上频繁的互动沟通,往往能形成群体亚文化意识,对大学生个体的思想观念和价值标准产生潜移默化的影响。因而,高校网络思想政治教育平台的构建,要重视同辈环境对大学生个体的影响。

3.高校网络思想政治教育平台环境的作用

（1）高校网络思想政治教育平台环境对大学生的思想行为起塑造作用

在高校网络思想政治教育平台环境下，大学生与教师之间、大学生与大学生之间的交流都处于一种平等、宽松、自由的状态，它能使大学生在主体意识、个性人格、思维方式等方面迅速发展，为大学生个性的多样化和全面化的发展起到了积极的导向作用。同时，网络中的不良信息也会对大学生思想意识的成长起到消极作用。高校网络思想政治教育平台环境对大学生的塑造作用可以从四个维度来理解。

第一，高校网络思想政治教育平台环境增强了大学生的主体意识。在网络媒介环境中，大学生的独立性、自由性和创造性得到了充分的发挥，大学生的学业水平、兴趣爱好、个性塑造、人际交往等方面都得到充分的发展，大学生不断地进行网络媒介环境中的知识学习、信息传播、人际交往等社会实践活动。这些活动极大提升了大学生的自我认知和表达能力，强化了大学生的主体意识。

第二，高校网络思想政治教育平台环境培养了大学生的开放观念。网络媒介环境的开放性不仅体现为信息资源的开放，也体现为大学生观念思维方式的更新，高校网络思想政治教育平台环境，可以提供大学生接触海量的网络信息的机会，有助于大学生拓宽视野，形成开放的观念和多维度的思维方式。

第三，高校网络思想政治教育平台环境丰富了大学生的人格。当今的时代是一个个性张扬的时代，网络媒介环境的开放和自由为大学生个性的多样化与全面化发展创造了新的条件。在网络媒介环境中，大学生倾向更大胆、更自由地发表自己的意见和观点，同时，高校网络思想政治教育平台环境为大学提供了丰富的网络资源，使大学生求新求变的思想得到了极大的满足，有利于促进大学生的个性化发展。

第四，高校网络思想政治教育平台环境提升了大学生的精神境界。精神境界是人的精神面貌、思想水平、价值追求状态的表现。大学生的精神境界发展状况，直接关系到高校培养的人才质量。高校网络思想政治教育平台环境在努力为大学生营造一个集科学精神、人文精神和实践精神为一体的高尚精神世界,推动大学生朝着真、善、美的目标前进,实现大学生的自由而全面的发展。

(2)高校网络思想政治教育平台环境带来了新的发展机遇

高校网络思想政治教育平台环境重构了思想政治教育的内容。在网络媒介环境中,多媒体技术使原本相对狭小的教育空间变成开放的教育空间,使教育内容不再拘泥于平面和静止的形态;开始走向动态化和立体化,教育内容形式多样、丰富而全面,为大学生提供了更多的选项;此外,思想政治教育内容被赋予较高的文化与科技含量,思想政治教育信息隐含在历史文化知识和现代科技信息中进行传播。由此看来,高校网络思想政治教育平台环境,可以丰富思想政治教育的信息储量,思想政治教育网络资源取之不尽、用之不竭,更贴近时代的发展,更符合大学生的思想脉搏。高校网络思想政治教育平台环境不仅在数量上改变着高校思想政治教育的内容和呈现形式,而且在质量上提升了高校思想政治教育的有效性。高校网络思想政治教育平台环境创新了思想政治教育模式。高校思想政治教育要加快与网络融合,就必须在原有的教育模式上进行创新。从传统单一的手段向多媒体手段转变,创造出一种灵活、生动、高效的思想政治教育新模式。高校优质、健康的网络环境可以激发大学生的求知欲和想象力,调动大学生获取知识和信息的主动性和参与性。QQ、微信、微博、网络教学平台等新模式的运用,使思想政治教育变得针对性和时效性更强,无疑会大大提高高校思想政治教育的辐射作用,实现了"润人细无声"的效果。

高校网络思想政治教育平台的基本要素已基本阐述,除了基本要素外,高校网络思想政治教育平台还包括制度要素,即规范和调节高校网络思想政治教育平台各要素之间的行为及相互关系的规范体系。条件要素,即高校网络思想政治教育平台运行所必需的软硬件基础。反馈要素,即高校网络思想政治教育平台运行过程中的各要素对其的反馈意见。正是这些要素的相互依存、相互作用、相互促进,搭建出一个完整的高校网络思想政治教育平台系统。

二、高校网络思想政治教育平台的结构关系

所谓结构就是构成系统的各部分组合与搭配,即系统内部的所有要素之间以及要素集合之间的所有可能的内在联系方式。简单来说,结构就是系统内在关系的总和。当我们把平台看作一个系统时,会发现任何一个网络平台的运行都与其结构紧密相关。要真正研究一个平台,必须探明这个平台的结构意蕴。研究高校网络思想政治教育平台结构,就是要探明构成平台各要素在平台内部的具体方位,以及要素之间的相互作用关系。要素间的相互影响、相互作用和相互制约关系,使它们形成了时间上的次序关系、空间上的位置关系、功能上的互补关系,使网络思想政治教育平台的引领、培育功效得以充分展现。高校网络思想政治教育平台并不是各个要素组分或要素简单的集合,我们系统研究网络思想政治教育平台,不仅要研究平台的各要素,更重要的是研究要素之间的关系性,以便于更好地控制和管理高校网络思想政治教育平台。

(一)高校网络思想政治教育平台结构的特征

1.有序性

在平台内部,各要素通常会按照一定的顺序和规则相互联系和相互作用,从而在运行过程中构成相对稳定的结构。结构表现出来的稳定性、规则性和关联性就是其结构的有序性。网络思想政治教育平台的几个要素之间互相配合、互相影响、互相协作,构成了一个统一整体,每一个要素都缺一不可。网络思想政治教育平台结构的秩序是否合理,直接决定了网络思想政治教育平台的整体功能的呈现。为了实现网络思想政治教育平台的长远发展,必须确保平台结构秩序的合理性。

2.稳定性

平台结构的另一个基本特点是稳定性,即各要素相互联系持续保持的一种状态。平台的稳定性包括静态的稳定性和动态的稳定性。网络思想政治教育平台中不易受外界影响改变的部分,构成了平台的结构状态,维持着平台的动态平衡。另一方面,虽然平台的结构是稳定的,但由于其构成要素会受到外界因素的干扰,一旦造成的干扰超过稳定性范围,平台

的稳定结构就有可能丧失。网络思想政治教育平台要素之间的彼此作用力会发生改变,因而网络思想政治教育平台的结构也就被改变了。平台的这种变化是通过平台自身调节来实现的。为了适应未来社会发展和实践的需要,人们可根据网络思想政治教育的形成发展规律,有意识、有计划、有目的地调整和改变网络思想政治教育平台的结构,以便其更好地发挥效用。

3.层次性

高校网络思想政治教育平台是一个由各个要素组成的有机系统,它的结构不是单一的,而是具有一定的层次性。网络思想政治教育平台结构之所以具有不同层次,首先,网络思想政治教育平台的各要素本身就可以自成体系,具有相对的独立性,平台用户、平台内容、平台载体等具有自身内在的结构及相应的构成要素。如平台用户,既包括平台管理者,又包括教育者及大学生,他们的相互关系和互相作用方式即构成了平台用户的结构,而这个结构既有别于网络思想政治教育平台的整体结构,也不同于其他要素的内在结构,因而具有独立性。其次,每一个要素都有相对稳定的结构,各个要素组合构成网络思想政治教育平台整体,可以实现平台的最大稳定性。我们只要着眼于分析网络思想政治教育平台要素关系组成的层次结构,继而深入到网络思想政治教育平台各要素的相互作用所呈现出的不同要素的功能,揭示和把握网络思想政治教育平台整体性,把网络思想政治教育平台整体效果实现到最优化和最大化。

(二)高校网络思想政治教育平台结构的剖析

高校网络思想政治教育平台的基本要素是教育者要素、教育对象要素、内容要素、载体要素、环境要素,它们之间具有十分密切而又内在的相互联系,这五个要素必须按照一定的秩序、一定的组织和整合形式才能建构出高校网络思想政治教育平台。高校网络思想政治教育平台的结构是否合理,不仅制约着高校网络思想政治教育平台的动态平衡,而且制约高校思想政治教育事业的长远发展。

1.纵向结构

高校网络思想政治教育平台结构是从高层次到低层次,呈现纵向排列关系。高校网络思想政治教育平台由教育者要素、受教育者要素、内容要素、载体要素、环境要素构成。这五个要素分别构成了高校网络思想政治教育平台结构的下一级层次,每一层次又由本层级的要素构成。例如,高校网络思想政治教育平台的教育内容,作为高层次可以分为马克思主义理论、社会主义核心价值观教育、网络道德和法治教育等六个低层次。低层次是高层次发展的基础,高层次包含着低层次。离开了高层次,低层次就无法成为高校网络思想政治教育平台结构的一个层次。低层次和高层次之间的关系,是一种整体和部分之间的关系,高校网络思想政治教育平台结构的各个层次都有其相对的独立性,但是他们之间又相互联系、相互影响、相互制约、相互补充。既存在着高层次内部各层次之间的相互作用,也存在高层次之间的协同作用。

一个合理的纵向结构应该表现为:低层次和高层次布局合理,高层次对低层次起指导和规定作用,低层次对高层次起基础和支撑作用。如果高层次发挥不了指导作用和规定作用,低层次体现不了基础作用和支撑作用,则这种纵向结构就不合理。例如,在教育内容这一层次中,它与其包含的马克思主义理论、社会主义核心价值观教育、网络道德和法治教育等六项内容是高层次和低层次的关系,如果教育内容的总体发展目标不明确,总体规划不具体,则将不能对具体的教育内容起指导和规定作用。相反,如果具体教育内容不符合教育内容要素对它们的内在规定,或者具体教育内容的要求与目标不一致,就意味着该教育内容的纵向结构不合理。由此可见,高校网络政治教育平台的纵向结构不合理,将制约高校网络思想政治教育平台的正常运行,这就要求高校在建构网络思想政治教育平台时,一定要处理好各层次之间的纵向联系,以便更好地推动高校网络思想政治教育平台的协调发展。

2.横向结构

高校网络思想政治教育平台是一个复杂的体系,除了各结构层次之间的相互作用之外,在同一结构层次的各个要素之间的横向关系,也存在着复杂的相互作用。教育者要素、教育对象要素、内容要素、载体要素、环境要素之间相互独立,具有不同的结构和功能。但它们之间又相互联系和相互作用,协同一致,形成一定的结构和功能。教育者与教育对象是横向结构的两大支点。他们之间的关系是构成横向结构的关键。在现实思想政治教育过程中,我们一贯把教育者当作教育主体,把教育对象当作教育客体来对待,思想政治教育信息(内容)主要从教育主体传输到教育客体,教育主体与教育客体之间是一种主动和被动关系。在网络媒介环境中,教育者和教育对象的关系发生了显著的变化。网络载体的一大特点就是去中心化。去中心化是互联网发展过程中形成的开放式、扁平化、平等性的社会化关系形态和内容产生形态。去中心化意味着网络中传递信息的中心多元化,教育者不再拥有支配教育内容和载体的特权,教育对象更多地参与信息的加工和传递过程,教育者在信息拥有量上的优势逐渐丧失,与教育对象的信息差距不断缩小,教育者和教育对象之间呈现出一种平等交往的主体间关系,在可以隐藏现实身份的情况下,教育者和教育对象的身份和地位也会发生转变,即教育者成为教育客体,而教育对象成为教育主体。教育主体和教育客体转变成双主体。为了实现教育者和教育对象的主体性,教育内容要符合网络载体的要求,能够更好地适应网络媒介环境,保持教育双方的良性互动,使教育者和教育对象共同参与网络思想政治教育活动,发挥合力效应,协同实现网络思想政治教育的效果。一个合理的横向结构,应该表现为高校网络思想政治教育平台的各要素之间的相互作用方式及比例关系。在横向结构中,教育者和教育对象是两大核心,教育内容和教育载体在他们之间,教育载体承载教育内容,教育内容附着和依偎教育载体,这四个要素都需要在网络媒介环境中发挥作用。由此可见,如果五个要素在横向结构中的地位不明确,或是它们之间的主次关系不清晰,这就会导致高校思想政治教育平台运行过程中出现问题的风险和概率大大增加,甚至出现无法调节和无法有效控制的局面。

第三节　高校网络思想政治教育平台的构建策略

一、高校网络思想政治教育平台的构建原则

(一)导向性原则

高校网络思想政治教育平台的建设是高校意识形态工作中的重要组成部分,是主流意识形态、正确的网络舆论和社会主义核心价值观的重要传播渠道,高校网络思想政治教育平台的发展方向,直接决定了高校思想政治教育工作的走向。因此,导向性是优化的首要原则。高校网络思想政治教育平台的导向性体现在两个方面:第一,坚持以马克思主义以及中国化的马克思主义科学理论为指导,坚持用科学的世界观和方法论来优化高校网络思想政治教育平台,使高校网络舆情引导的话语权、主导权和管理权,牢牢掌握在高校思想政治教育工作者手中,切实地维护好高校的网络安全。第二,坚持以社会主义核心价值观为主导,增强高校网络思想政治教育平台的网络引领力。社会主义核心价值观体现了全体中国人民共同的价值追求,是当代中国发展进步的精神指引。通过高校网络思想政治教育平台,培育和践行社会主义核心价值观,引导大学生形成价值观共识,有利于大学生树立正确的理想信念,提升大学生的思想道德境界,培养大学生的"四个意识"、坚定"四个自信"、做到"两个维护",成为中华民族伟大复兴大业的合格接班人。

(二)实践性原则

实践性原则是高校网络思想政治教育平台的基本原则。科学的理论只有用于指导实践才能体现其强大的力量。高校网络思想政治教育平台只有坚持以科学理论为指导,才能保障高校网络思想政治教育平台的正常运行轨迹。高校网络思想政治教育平台要遵循思想政治教育的客观规律,即依据高校网络思想政治教育目标、网络思想政治教育任务和教育对象的实际情况,制定相对应的教育内容,从根本上提高教育内容的针对性

和有效性,确保网络思想政治教育目标和任务有效落实。当代大学生有着强烈的民族意识和国家意识,明确的社会责任感和使命感,个性化的自我认知以及多元的价值取向和行为选择。高校网络思想政治教育平台的实践性体现为以人为本。高校网络思想政治教育平台优化的出发点和落脚点都是为了大学生的全面发展,大学生是否接受和满意是衡量高校思想政治教育平台效果的重要标志。互联网时代,高校要转变传统思想政治教育单向、线性传播的教育方式,要充分了解当代大学生的特点和成长成才的需求,创新网络思想政治教育内容,实现思想政治教育全员育人、全程育人和全方位育人,使高校网络思想政治教育真正做到有的放矢,体现其实效性。

(三)大数据原则

移动互联网时代,数据几乎渗透到各个领域,大数据带来的信息风暴正在改变人们的生活、工作和思维,大数据开启了一次重大的时代转型,在"互联网+思想政治教育"的背景下,高校网络思想政治教育平台必须贯彻大数据原则,要以大数据的理念和方法为指导,对含有意义的大数据进行专业化处理,产生数据的核心价值,为高校网络思想政治教育平台的优化提供科学依据。当前"90后""00后"大学生的学习方式、娱乐偏好、表达形式都与网络有着十分密切的关联。高校思想政治教育者要遵循大数据原则,通过网络思想政治教育平台搜集网络数据,筛选并量化分析,根据数据分析结果探寻出大学生思想动态变化规律,有针对性地制定网络思想政治教育的内容和方法,以实现高校网络思想政治教育个性化服务。

(四)融合发展原则

传统媒体和新兴媒体可以在人才队伍、技术应用、信息内容、运营管理等方面共享融通,从而发挥出融媒体的集群效应,实现中央厨房理念的落地。高校是我们党重要的宣传阵地,要巩固好阵地,需要顺应时代要求,坚持媒体融合原则。一方面,高校要建设好网络思想政治教育平台,它是进行宣传教育的制高点。如果我们不去占领,别人就会去占领。另一方面,高校网络思想政治教育平台与校园传统媒体平台要不断探索融合发展的方式,推动各种媒体在内容、人员、受众、技术等方面共融共通,形成媒体传播的合力。

二、高校网络社交服务平台的构建

高校网络社交服务平台是高校发展速度最快、使用最广泛的网络平台,是高校宣传思想工作的重要阵地,优化高校网络社交服务平台是新时代高校思想政治教育工作与时俱进的生动表现。

(一)精准定位高校网络社交服务平台

随着移动通信的使用,高校网络社交服务平台显示出强大的影响力。微博、微信、QQ空间等网络新媒体,已经成为大学生日常生活的重要组成部分,要发挥好高校网络社交服务平台的思想政治教育功效,需要对网络社交服务平台进行精准定位,以确定其优化发展的方向。要对高校网络社交服务平台进行精准定位,就需要找到高校网络社交平台的独特性。高校网络社交服务平台面向的用户主要是高校师生、校友、学生家长等,其中以在校大学生居多,他们的文化程度较高,对新兴事物接受能力较强,对社会热点问题关心。高校网络社交服务平台要根据用户的特点来进行功能定位,从而打造出具有辨识度的网络平台。

1. 展示高校形象的重要平台

网络社交服务平台的最大特点是分享和沟通。高校网络社交服务平台是高校对外宣传的窗口,通过高校网络社交服务平台,用户可以了解高校的基本资讯,如办学特点、招生情况、校园文化、师生的校园生活等。高校要打造具有自身特色的网络社交服务平台,提升平台的辨识度。

2. 意识形态建设的重要平台

思想政治教育是具有鲜明阶级性的教育活动,高校网络社交服务平台承担着意识形态灌输的重任。高校网络社交服务平台一方面围绕着中国特色社会主义建设理论展开,侧重于引导和坚定政治思想、政治观点、政治信仰;另一方面围绕着社会主义价值体系建设理论展开,侧重于弘扬和传承中华优秀传统文化、中国精神、社会主义核心价值观,以帮助大学生形成基本的道德规范、强大的精神力量和共同的理想信念。在一定程度上,高校网络社交服务平台在宣传和弘扬社会意识形态方面的作用和价值凸现出来。

3.高校舆情引导的重要平台

构建和谐的高校网络舆论环境是保障校园稳定安全、大学生健康成长的关键。高校网络社交服务平台的公信力体现在舆论引导上。网络具有信息传播速度快和极易扩散的特点,当突发事件发生时,需要及时引导才不会出现网络舆情环境的恶化。人民网舆论监控中心的专家提出"黄金四小时"原则,即突发事件的应对措施必须在事件发生后的四个小时内做出。高校网络社交服务平台的学生用户众多,传播力和影响力都很大,只有先声夺人,在舆论之初介入,才能赢得舆论引导的主导权。只有对高校网络社交服务平台进行精准定位,才能根据定位来设计内容和有效推送,提升高校网络社交服务平台用户的关注度、忠诚度,扩大高校网络社交服务平台的影响力。

(二)创新高校网络社交服务平台的内容

新媒体时代,内容是王道。高校要增加大学生与网络社交服务平台之间的紧密性,需要创新平台内容,增加其对大学生的吸引力。高校社交服务平台的内容要实现网络思想政治教育目的,必须始终与网络社交服务平台的信息传播方式相适应,即内容的表现形式和组织形式要根据不同网络社交服务平台的特征进行变化和调整,随着网络社交服务平台的发展发生变化。具体表现在以下两个方面。

1.内容需要与网络社交服务平台动态匹配

当前网络技术飞速发展,网络社交服务平台的更新换代加速,新型网络社交服务平台不断涌现,旧的网络社交服务平台则被边缘化。由此可见,高校网络思想政治教育要抢占教育阵地,使内容必须及时适应新网络社交服务平台的信息传播方式,从而提升大学生对网络思想政治教育平台的吸引力,提高内容的传播效率。

2.内容需要与大学生的实际需求契合

根据"使用和满足"理论,传播者要从受众角度出发,通过考察受众者,总结大众传播给受众的心理和行为上带来的影响。高校网络社交服务平台是大学生日常使用最广泛的网络平台。要提升大学生用户的黏性和活跃度,就需要认真研究不同大学生的使用目的。由华东政法大学法制新闻研究中心、复旦大学国际公共关系研究中心共同发布的《中国校园微博发展报告(2015)》显示,大学生使用网络社交平台的诉求是休闲娱乐、获取信息、自我表达和社交互动。高校网络社交服务平台的内容,要把大学生的需求与思想政治教育内容紧密联系。基于微信平台的聚群效应,高校要实现大学生在哪里,高校网络社交服务平台就建在哪里。高校要利用网络社交服务平台的移动优势开展学习、讲座、访谈、社团等活动。兰州大学积极利用微信群、QQ群、微视频等开展"和学生面对面讲奋斗题材"的微党课活动,利用线上和线下的红色资源,形成线上学、线下做的学习模式,提升了学生党员和入党积极分子的思想认同、理论认同与情感认同,提高了对"微党课"的认知度与接受度。基于微博平台对公共事件的关注和传播能力。高校可以通过网络社交平台倾听大学生的诉求,架起大学生与高校沟通的桥梁。例如,四川师范大学学生会官方微博向大学生征求意见,大学生对寝室热水系统、空调安装反映强烈,甚至有一些过激言论。校学生会微博搜集信息后反馈给校领导,学校在第一时间公布了关于学校热水系统和空调安装的工作部署,安抚大学生的情绪,使大学生深切地感受到了高校对他们的关爱,提升了对学校的归属感。

(三)打造高校网络社交服务平台的专业队伍

截至2020年,我国高等教育在校生人数达到2.89亿人。面对如此庞大的学生数量,高校要优化高质量的网络社交服务平台,必须打造一支专业化的网络社交服务平台队伍。第一,要严把人员入口关。要建立网络社交服务平台专业队伍的准入门槛,实行资格准入制度,打造一支具有崇高政治信仰、思想理论水平高、网络技术过硬的队伍。第二,培养好大学生网络意见领袖。在交互式的网络传播环境中,大学生越来越积极地参与网络信息传播,一些大学生组织或个人的微信公众号、微博受到的关注度也与日俱增。他们作为意见领袖,经常为大学生网民提供信息、观点或建议,并对高校网络舆论的议题和走向产生重要影响。针对大学生群体网络传播呈现圈子化的特点,圈子里的大学生意见领袖与大学生群体容易形成关系密切的人际网络,并且互动十分频繁。当一个微博意见领袖的信息发出时,其他微博意见领袖也会纷纷转发和评论,使得信息在更大范围内传播。因此,在网络社交服务平台队伍中,培育一支专业化的大学生网络意见领袖,让他们在舆论引导中发挥把关人的积极作用,有利于形成规范的网络社交服务平台环境。第三,加强网络社交服务平台队伍的专业性培训。高校要加强网络社交服务平台队伍的思想教育培训,筑牢其思想防线,坚守好高校思想政治教育网络阵地。高校网络社交服务平台队伍要接受系统全面的网络技能专业训练,提升自身的综合能力素质。高校网络社交服务平台队伍要强化实践操作,增强网络突发事件的舆论引导和应对处置能力。第四,引进社会商业平台的专业技术团队。高校网络社交服务平台要加强与商业化互联网平台、有影响力的自媒体的交流和沟通,借力发展。商业化互联网平台具有雄厚的经济实力和专业的技术团队,有影响力的自媒体拥有众多粉丝,网络传播能力强。高校网络思想政治教育平台可以在内容创意、形象设计、技术开发等方面与他们建立共建合作关系,提高传播的专业性和针对性,提升高校网络思想政治教育平台的传播效果。目前,新浪微博成立中国校园市场联盟,腾讯启动QQ智慧校园。越来越多的商业化平台开始涉足高校网络的运营,高校网络社交服务平台要抓住契机,有效提升平台的专业化水平。

(四)提升高校网络社交服务平台的智能化水平

近年来,人工智能技术取得突破进展,已经广泛用于各类领域。打造智能媒体已经成为未来发展的趋势,我国正在走向智能媒体时代。目前,人脸识别、VR、AR等技术已经开始在教育领域应用。高校要顺应时代发展潮流,打造智能化的网络思想政治教育平台。高校网络社交服务平台智能化的一个重要体现,就是内容推送的个性化。依据大数据分析,大学生在网络上呈现聚群效应,可以分为不同类型,平台可以为不同类型的大学生提供个性化的信息服务,提升大学生智能化的用户体验。微博是大学生发表网络言论的重要窗口,是舆论引导的重要平台,要提升大学生微博用户的黏性和活跃度,就需要微博平台能够满足不同大学生的使用需求。在微博话题的参与度上,明星类、公益类、节日类、生活类、感情类、综艺电视类等居多,在微博词语表达上,大学生的所有高频词语均带有鲜明的"正能量"特征,其中最为高频的用词为"生活""喜欢""努力""人生""幸福"等。在微博活跃度上,大学生更倾向于18点至23点使用微博。由此可见,提升校园微博平台的智能化水平,首先要根据大学生群体的聚群效应来提供不同信息和服务;其次要根据大学生的微博关注度和语言高频词来推送微博话题;最后要根据大学生微博活跃度来监测舆论动态。高校要对信息来源实现智能识别与筛选,对于负面或敏感词语进行自动处理,正确引导舆论走向。平台智能化的另一个重要体现就是语音交互。在移动互联网时代,人机交互以触摸为主要方式,在万物互联的智能时代,人机将走向统一。像手机助手就是语音交互的代表。高校网络社交服务平台应推广语音交互,使其能智能搜索、智能识别、智能回复问题等。高校网络社交服务平台只有不断提高智能化水平,才能提升大学生对平台的忠诚度。

(五)运用融媒体理念指导高校网络社交服务平台

2015年,习近平总书记指出:"要树立大宣传的工作理念,动员各条战线各个部门一起来做。"这实际上是吹响了媒体融合的号角。高校网络社交服务平台是高校重要的宣传阵地,要推动网络社交服务平台建设,就需要实现媒体共融、资源共享,提升高校网络思想政治教育平台的聚合效应。在新的网络媒介环境中,新兴媒体层出不穷,拓展了信息传播的渠道,给高校网络社交服务平台的发展提供了广阔的空间。校园传统媒体平台如广播、校报、宣传栏等在思想政治教育宣传中的优势也不能忽视。推进媒体融合,一方面,高校要推动校园传统媒体数字化,实现思想政治教育信息多点采集、多平台发送,全面覆盖媒体的大宣传格局。当前,高校校园传统媒体要依托网络社交服务平台拓展其影响力,需要加快"两微多端(微信、微博、各类移动客户端平台)"的建设步伐。"两微多端"是高校网络社交服务平台建设的着力点。微博侧重公共传播和舆论引导，微信侧重个性服务和圈际推广，客户端侧重新闻推荐和功能创新。高校一方面要夯实"两微"平台，架构高校官方、各级组织、学生社团、个人的"两微"平台的同心圆的传播结构，传播信息精准定位，功能设置相互补充，保障信息推送的准确性。另一方面，高校要加快校园网络社交服务平台与其他网络平台的融合发展，打造新媒体矩阵。2013年，教育部已经成立了教育系统官微联盟，截至2015年，联盟已经覆盖596所高校。高校要继续扩大新媒体联盟的深度和广度，发挥联动传播优势，提升信息传播的针对性和精准性，在引导社会舆论、弘扬社会主义核心价值观等方面做到同频共振、集体发声，充分提升高校网络思想政治教育平台在大学生心目中的向心力和影响力。

（六）强化高校网络社交服务平台的安全管理

互联网是舆论斗争的主战场，高校是意识形态工作的前沿。在意识形态争夺战中，我们能否站得稳、打得赢，直接关系我国意识形态安全和政权安全。高校网络思想政治教育平台的安全直接影响高校的育人环境和育人效果。鉴于网络社交平台的安全隐患不少，高校需要加强网络社交服务平台的安全管理。高校网络社交服务平台的安全管理要做好四项工作：一是提升网络安全技术水平。高校要提升网络社交服务平台的防火墙技术、安全扫描技术和安全监控技术，对非安全的思想政治教育信息进行有效的入侵检测和入侵防御，防止病毒传播和个人隐私泄露，确保大学生使用高校网络社交服务平台的安全性。二是加强网络社交服务平台使用规范管理。由于网络社交新媒体不断涌现，在规范管理上常常会出现"真空"，因此高校要健全网络社交服务平台的使用条例，规范大学生的网络行为，在一定程度上可以减少大学生的网络失范行为。三是实行全网监督体系。高校各部门发挥集体力量实行全员、全程和全方位的监督管理。四是倡导网络文明。高校通过教育引导师生安全上网、绿色上网、健康上网，共同营造文明的网络精神家园。

三、高校思想政治理论课网络教学平台的构建策略

思想政治理论课是落实立德树人根本任务的关键课程。高校思想政治理论课面临"因时而进、因势而新"的要求,迫切要求高校加强思想政治理论课网络教学平台建设,以适应网络时代高校课程教学改革的发展要求。

(一)提升高校思想政治理论课教师在网络教学中的主导性

在思想政治教育活动中,教育者要体现其主体地位,这是由教育活动的使命所决定的。传统的思想政治教育活动中,教育者对受教育者有很强的主导性。受教育者需要在教育者制定的教育目标和教育步骤下接受思想政治教育。而在网络教学中,网络互动呈现虚拟性和平等性,教育者需要转变角色定位,以平等的参与者身份融入网络教学活动中。作为网络教学的组织者,教师要提升主导性的步骤,需要做好以下三个方面:一是教师要转变传统教育理念。教师不能高高在上,要主动适应思想政治理论课的网络教学模式,紧紧抓住大学生的学习兴趣,启发和引导大学生的思维,使大学生紧跟教师的思路前进。教师要营造良好的反馈环境,与大学生在网络空间进行平等互动,通过与大学生的积极交流和沟通,了解大学生对课程的真实想法,便于有针对性地提出改进措施。二是探索网络教学新模式。当前网络思想政治教育在传播渠道、技术形式和语言形式上都产生了很大的改变。教师要建设好高校思想政治理论课网络教学平台,需要创造丰富活泼的网络教学模式。高校思想政治理论课网络教学平台服务的主要对象是大学生,只有拉近与大学生的心理距离,才能取得思想政治教育的效果。三是思想政治理论课网络教学平台与课堂教学并举。思想政治理论课网络教学平台不是万能的,它不可避免地存在一些问题。鉴于受教育者的自主学习能力还没有达到相应程度,要想发挥好思想政治理论课网络教学平台的作用,需要把网络教学和课堂教学有机结合、协同使用,从而实现优势互补。一方面,运用传统课堂夯实受教育者的知识基础,提升受教育者的认知能力;另一方面,运用网络教学模式细化知识要点,提升受教育者的自学能力。只有实现两种教学模式的结合,才能实现教育者对教育过程的掌控,更好地实现思想政治理论课的

教学效果。

(二)提高高校思想政治理论课教师的媒介素养

高校思想政治理论课教师要想使用好思想政治理论课网络教学平台,筑牢网络思想政治教育主阵地,就需要拥有驾驭新兴媒体的能力,具有较高的媒介素养。思想政治理论课教师要提高媒介素养需要从以下几个方面着手:第一,高校思想政治理论课教师要掌握新媒体传播技术及其特点。高校思想政治理论课教师要树立新媒体理念,熟练使用新媒体技术,有效使用新媒体资源,把新媒体与思想政治教育深度融合。思想政治理论课教师要积极掌握慕课、直播课、智慧课堂的技术与应用,努力开发出更多优质的思想政治理论课的网络教育资源,让更多的学生从中受益。第二,高校思想政治理论课教师要提升信息甄别能力。在容纳海量信息的网络空间中,各类信息鱼龙混杂、真假难辨。高校思想政治理论课教师需要具备信息的选择、分析和鉴别能力。要具备这些能力需要加强日常的信息基本理论学习,积累和总结信息处理过程中的经验,帮助和引导大学生识别不良信息。高校思想政治理论课教师还要增强信息传播的自律性,不随便传播未经证实的信息,只有教师以身作则,主动承担传播责任,才能引导大学生规范自己的网络行为。第三,高校思想政治理论课教师要培养新媒体制作的能力。新媒体技术的发展使思想政治教育有了更多的辅助手段。当前大学生使用的网络应用泛娱乐化,高校思想政治理论课教师要充分考虑到大学生的特点,制作出兼具娱乐性和思想政治教育性的网络课程,既具有思想引导性,又容易引起大学生的关注,进而乐于接受。

(三)改造高校思想政治理论课网络教学平台的运行条件

思想政治理论课网络教学平台的正常使用需要高校提供相配套的硬件和软件设施。高校要提供思想政治理论课网络教学平台使用的移动网络媒介环境。手机是思想政治理论课网络教学平台必不可少的工具。手机网络信号的稳定性直接影响到智慧课堂的使用效果。例如,雨课堂使用实时推送 PPT 功能时,需要学生手机联网,如果教室无线网络不稳定,手机收到 PPT 的速度就会比较慢,会影响上课的节奏。因此,高校要加大对网络基础设施建设的投入,增加带宽,提升网络速度,尤其争取高校无线网络的全面覆盖,确保网络使用的稳定性。高校要提供思想政治理论课网络教学平台使用的配套制度。第一,高校鼓励教师使用思想政治理论课网络教学平台,对教师进行定期培训,使教师尽快掌握思想政治理论课网络教学平台的使用方法。教育部在线研究中心就定期开展在线教学平台——雨课堂的培训,目前全国很多高校都使用雨课堂开展教学活动。第二,高校要调动教师使用思想政治理论课网络教学平台的积极性,对教师制作慕课、直播课、微课等给予人力、物力和财力的支持。思想政治理论课网络教学评价要与教师的绩效和职称挂钩,使教师愿意付出时间和精力去打磨网络教学的每一个环节,培养出更多的网络教学名师。

（四）加强高校思想政治理论课网络教学平台间的多维合作

由于受地域与经济条件的制约,高校思想政治理论课网络教学平台存在区域间发展不合理、发展水平不平衡的现状,高校思想政治理论课网络教学平台需要加强和其他网络平台的多维合作。

1. 加强校际间网络教学平台的交流与合作

各高校的在校学生人数、资金实力、网络技术应用环境都有差别,只有强校扶持弱校,才能整体提升高校网络思想政治教育平台的水平。在思想政治理论课教学平台建设方面,清华大学一直是网络教学平台开发和运用的领先者。清华大学冯务中教授主讲的《毛泽东思想概论与中国特色社会主义理论体系概论》,还登录美国麻省理工学院与哈佛大学联合发起的 edX 平台,选课学生遍布 130 个国家和地区,成为中国第一门走向世界的思想政治类慕课。清华大学的雨课堂让新媒体技术助力思想政治理论课教学。清华大学的成功经验值得其他高校学习。教育部在线技术研究中心十分重视在线开放课程建设,多次组织全国高校教师参加雨课堂应用的培训。全国教师慕课教学大赛、全国高校微课教学比赛都相继举办。这些活动都可以促使高校教师主动适应信息化、人工智能等新技术变革,为高校网络教学的普及培训专业人才。

2.高校思想政治理论课网络教学平台要实现优质资源共享

从整体来看,高校思想政治理论课网络教学平台上可选择的资源众多,但优质资源相对稀缺,再加之资源往往分布在不同的平台上,学生如果想定位到需要的优质资源,需要花费大量的时间和精力进行甄选,影响了大学生的学习效率和学习效果。要提升网络教学平台的功能,就需要打破壁垒,实现高校思想政治理论课网络教学平台之间的资源共享,这也是高校适应媒介融合趋势的必然要求。当前,基于区块链技术,可以实现不同网络平台之间资源的流动与共享。

区块链技术是分布式数据存储、点对点传输、共识机制、加密算法等计算机技术在互联网时代的创新应用模式。2016 年,国务院印发的《"十三五"国家信息化规划》首次将区块链列入我国的国家信息化规划,并将其定为战略性前沿技术之一。目前,区块链技术已经开始探索在教育领域的应用。区块链特殊的数据结构与运作机理,使区块链技术具有四个主要特征:去中心化、共识机制、可追溯性以及高度信任。基于区块链的上述特性,充分发挥区块链的去中心化分布式存储及共识机制,来实现思想政治教育优质资源的共享。基于区块链技术,我们可以搭建一个思想政治理论课网络教学平台联盟链。慕课教学平台、直播课教学平台、微课教学平台、其他网络平台构成联盟链中的联盟成员,成员部署区块链的节点。联盟成员之间协商形成可以共识的策略,并通过区块链的智能合约安装在每个节点上,联盟成员可以向联盟推荐优质的教育资源,在达成共识的情况下,共享的优质资源链接会被记录在每一个节点的账本中,实现共享资源的分布式存储和共享。学生通过思想政治理论课网络教学平台联盟链,检索和获取优质教育资源的链接,更快地定位优质教育资源,提高学习效率和质量。

四、高校思想政治教育主题网站的构建策略

(一)构建适应大学生的网络话语体系

高校思想政治教育主题网站缺乏吸引力的主要原因是内容形式单一、刻板。要优化思想政治教育主题网站的内容,需构建符合大学生的网

络话语体系。网络不仅极大地拓展了大学生信息传播、思想交流、情感表达的空间,同时也深刻地影响和改变了大学生的网络话语习惯,大学生根据他们的生活使用和传播网络话语,甚至还创造网络话语。大学生使用的网络话语形式多样,有静态的文字、字母、符号、图片等,还有动态的矢量图、表情包、音频、视频等。这些变化既给高校的思想政治教育工作带来了重大的机遇,同时也产生了不少的挑战。在传统的思想政治教育活动中,教育者掌握组织和开展活动的主动权,他们习惯用我讲你听的灌输方式来实现思想政治教育的目的。然而,在网络空间的互动和交往中,教育者和教育对象都可以隐匿自己的现实身份。教育者要掌握主动权,需要主动与教育对象进行沟通和互动。如果教育者不了解教育对象的网络话语体系,不能平视教育对象,不去真诚地倾听教育对象的心声、用接地气的话语方式沟通,就会造成双方间的隔膜越拉越大,甚至引发教育对象的防备和逆反心理,取消对主题网站的关注。因此,高校思想政治教育者与大学生要努力寻找最大公约数,需要充实思想政治教育主题网站的内容。一方面,高校思想政治教育者要在话语形式、话语内涵方面与大学生网络话语进行对接,以大学生喜闻乐见的话语表现形式,做成丰富的思想政治教育内容大餐,来发挥思想政治教育的整体作用。另一方面,高校思想政治教育者要用主流意识形态、主流舆论与主流价值观念的网络话语体系来影响大学生,把大学生的话语体系纳入网络思想政治教育话语体系中,传递思想政治教育的网言网语,做到生动鲜活、为大学生喜闻乐见,促使更多的大学生成为网络思想政治教育话语的使用者和宣传者,构建好高校思想政治教育主题网站的话语环境。

(二)提升大学生群体的网络自律意识

网络自律是指在没有人监督的情况下,大学生群体可以主动遵守网络道德准则和规范。网络世界纷繁复杂,给当代大学生的道德成长带来前所未有的冲击。目前,许多高校已经出台了一些关于大学生使用网络的行为规范,但这只是起到外部的约束作用,真正要建设好高校思想政治教育主题网站,还要依靠大学生的自律。网络的开放性和虚拟性给予大学生更多的言论和行为自由,他们可以隐藏自己的真实身份,制造和传播信息,同样,他们也可以自由地接收信息,网络的交互性使信息的传播速度加快,影响力增强,各种信息在网络平台上交汇,对自控力不强的大学生造成了极大的诱惑力,如果大学生缺乏信息识别能力,就会被不良信息所影响,甚至造成网络失范行为。因此,优化高校思想政治教育主题网站,需要引导大学生养成网络自律意识,在缺少外部约束力的情况下,能够做到自查自省,规范自己的行为,以自己主动自觉的行为,协助高校思想政治教育者共同创建健康文明的网络空间。提升大学生的网络自律意识可以从以下几个方面着手。

1. 加强大学生的理想信念教育

理想信念是大学生精神上的钙,大学阶段是确立理想信念的黄金时期,更是规划设计未来、把握成长方向的关键阶段。强调理想信念,既是高校立德树人的需要,也是实现"两个一百年"奋斗目标和实现中华民族伟大复兴中国梦的需要,更是大学生成长成才的需要。只有当大学生理想信念坚定时,他们才能自觉地肩负起时代赋予的使命。当前多元化的意识形态在网络空间得到了放大与传播,它不可避免地对大学生的思想产生积极或消极的影响。如果大学生理想信念不坚定,就可能会被网络中消极的意识形态所左右,导致价值观的扭曲,丧失意识形态的主导权。因此,高校要运用思想政治教育网络平台,开展丰富多彩的理想信念教育活动,让大学生树立远大理想,坚定崇高信念,自觉抵制和排斥网络意识形态的消极影响。像南京大学、四川大学、杭州师范大学等都开设了网上校史馆,通过文字、图片、视频的方式来展示学校的发展历程。校史是一所高校发展轨迹的真实记录,是大学精神和人文精神的体现,了解校史,可以激发大学生爱国爱校的情怀,对大学生坚定理想信念起到积极的促进作用。

2. 提升大学生的自我教育意识

高校网络思想政治教育是外在的教育形式,大学生的自我教育是内在的教育形式。只有内化于心,才能外化于行。大学生自我教育意识的培养离不开主体意识的构建。与传统媒介环境相比,网络媒介环境中大学生的传播主动性更强,尤其是自媒体的广泛应用,大学生既是众多信息的受传者,也是许多信息的来源,这调动了大学生参与网络传播的热情,满足了大学生个性化的信息需求,强化了大学生的自主意识。当代大学生是伴随着网络多元文化成长起来的,他们对网络中的多种价值观和思想观念有更强的包容性,但是对信仰和道德层面的认同感在下降。思想政治教育主题网站的建设和管理要发挥全员合力,大学生的参与必不可少。高校要引导和鼓励大学生进行自我教育的提升,要树立和谐共处、和谐共享、和谐共建的网络意识,只有大学生主动构建和提升自我教育意识,才能提高大学生网民的综合素质,实现大学生的有效管理和约束,从而形成成熟的网络认知、健康的网络心理和文明的网络行为。大学生的自我教育意识的提升,还有利于高校发现和培养大学生群体的意见领袖,发挥同辈示范效应,协助其他集体力量来共同维护高校思想政治教育主题网站的稳定运行,推动高校思想政治教育主题网站更新、更快地发展,为大学生群体提供更优质的服务。

3. 增强大学生的网络自我监控能力

增强大学生的网络自我监控能力,可以帮助大学生提高网络自律意识,促进其网络行为由外在控制转化为内在控制。大学生正处于世界观、人生观和价值观建构过程中,只有具备较强的自我控制能力,才能有效地抵御数字文化和网络文化中的"噪音"对大学生的干扰。大学生网络自我监控能力的培养需要做好三项工作。首先,普及网络信息应用知识。高校思想政治教育主题网站的优化,需要参与者都具备网络媒介素养。大学生缺乏网络基本知识会影响到他们使用网络的水平和效率,使其难以有效提升网络媒介素养。高校要多组织网络知识讲座和培训,让大学生掌握正确使用网络的方法,提升网络应用水平。其次,加大对大学生的上网引导与教育。高校要鼓励大学生参与思想政治教育主题网站的教育实践活动,通过大学生的亲身体验和实际参与,可以有效提高他们选择信息、处理信息和综合运用信息的能力。最后,提高大学生的网络道德水平。增强大学生的自我控制能力依赖大学生的道德水平。大学生只有提高正确的道德意识,坚持主流的价值导向,遵守网络道德行为规范,才能明晰道德界限。高校需要制定配套的主题网站使用规范,明确违纪的处罚标准。高校思想政治教育者也要率先垂范,做网络正能量的弘扬者,用自己的实际行为来影响大学生,有利于大学生形成良好的网络契约精神,从而营造出风清气正的网络氛围。

(三)营造高校思想政治教育主题网站安全环境

安全运行环境是稳固思想政治教育主题网站的重要举措之一。高校思想政治教育主题网站的环境建设,需要从净化校园网络媒介环境、发挥社会环境合力两个方面入手。

1.净化校园网络媒介环境

净化校园网络媒介环境的重要抓手是建设好校园网络文化环境。党的十九大报告中明确指出:"文化是一个国家、一个民族的灵魂。文化兴国运兴,文化强民族强。"高校是思想政治教育的主阵地,建设好校园网络文化环境就是要用正确、健康、积极的思想文化信息来占领高校网络阵地,以此来教育引导学生,帮助他们树立正确的世界观、人生观和价值观,全面增强高校网络思想政治教育平台的传播力和影响力,巩固网络思想政治教育的成果。第一,主动出击,传播好中华优秀传统文化。中华优秀传统文化是社会主义核心价值观的历史底蕴,培育和践行社会主义核心价值观是高校思想政治教育的重要工作和重要任务。促进网络健康发展,要通过形式多样的实践来弘扬中华优秀传统文化,让爱国主义、优秀道德传统和优秀文化传统深深地植根于大学生的内心,帮助大学生坚定"四个自信",抵制住腐朽思想和腐朽文化对大学生思想的侵蚀。例如,西南大学开展"中华二十四节气"传统文化网络行的主题活动,使学生拥有二十四节气的具象化认知,有效地推动中华优秀传统文化的网络传播。第二,创造优秀的网络文化产品。就是要用科学的理论武装大学生,用正确的舆论引导大学生,用高尚的精神塑造大学生,提升大学生的思想境界和文化精神。央视《朗读者》这档综艺节目用其独特的气质魅力、充沛的情感表达和丰富的思想内涵赢得年轻人的喜爱。为了顺应这一热潮,四川各高校在共青团四川省委的倡导下,纷纷利用高校思想政治教育主题网站开展"2017书香天府四川高校朗读者"大赛,鼓励大学生多读书、读好书。高校开展这些蕴含丰富思想和教育意义的活动,对净化网络媒介环境起到积极的促进作用。第三,制定网络规章制度。没有规矩,不成方圆。社会网络中存在的谣言、恶搞等信息往往是因为利益驱动,社会网络媒介环境的净化需要加强立法建设,通过法律的威慑力来约束网民不良信息的传播行为。给网民制定的七条底线,就是大学生网民在网络中应遵守的行为规范,只要每一个网民都能够保持网络自律,就能端正网络风气。

2. 发挥社会环境合力

高校网络思想政治教育平台要建构好叙事场域、心理场域和舆论场域,需要发挥好宏观环境和微观环境的聚合影响力,推动高校网络思想政治教育平台更好地适应和可持续发展。

(1)优化社会宏观环境

宏观环境是高校网络思想政治教育平台的生态场域,是高校网络思想政治教育平台存在和发展的基础条件。优化经济环境就是要通过全面深化改革,解决改革过程中出现的竞争与合作问题、公平与效率问题、民主与法制问题、改革与创新问题,为高校网络思想政治教育平台提供强有力的物质支持。高校网络思想政治教育平台要与时俱进实现创新发展,适应社会主义现代化建设的需要。优化政治环境就是要通过政治制度的建设,强化党的政治领导力,为高校网络思想政治教育平台的有效运行提供政治权力支撑;通过思想道德建设,让大学生了解党情、国情和民情,增强大学生对中国共产党的信任感、对社会主义建设事业的责任心和使命感。优化文化环境就是要发挥文化软实力的强大作用,为主流意识形态筑牢铜墙铁壁,使其坚守高校思想政治教育阵地,为大学生的学习和成长架构良好的氛围。文化软实力的提升有利于用社会主义核心价值观引领社会思潮,发挥社会主义核心价值观的软实力,实现思想政治教育立德树人的目标。优化社会环境,就是要营造和谐的人与人、人与群体、群体与群体的关系,实现人与人之间的共识。优化社会环境有助于构建良好的网络社会秩序,有助于高校营造和谐稳定的网络舆论环境。

(2)优化社会微观环境

微观环境指与大学生休戚相关的学校环境、家庭环境和朋辈环境。

这些环境构成了大学生的成长环境,对大学生的思想品格塑造产生深刻的影响。学校是大学生学习和生活的重要场所,学校物质环境的优化,可以让大学生拥有现代化的学习场所、舒适的生活场所,可以陶冶大学生的情操,使大学生对学校有强烈的归属感,有利于高校思想政治教育活动的开展。学校的精神环境对大学生的影响更为重要。环境影响一个人的思想行为需要比较长的时间,是以一种隐蔽的、潜在的行为来启发大学生。校园文化氛围的营造,有利于网络文化环境的架构,形成全方位的隐形思想政治教育环境。高校要充分利用广播、校报、宣传橱窗、学生社团活动等开展校园文化活动,渗透思想政治教育的信息,在满足大学生精神需求的同时,增强对大学精神和人文精神的理解,提升大学生思想境界。"家庭是人生的第一个课堂,父母是孩子的第一任老师。"习近平总书记在多次讲话中强调要重视家庭建设,注重家庭、注重家教、注重家风。因为家是一个人的人生起点,也是一个人梦想起航的地方。要培养大学生的思想道德修养,首先,父母需要提升自身的道德修养,做家风建设的表率,用良好的道德行为来帮助大学生形成美好心灵,引导大学生健康成长。其次,父母要营造温馨的家庭氛围,让大学生在充满爱和关怀的家庭环境中成长,有助于大学生养成健康的思想、品格和人格。最后,父母需要与大学生建立良性的沟通关系,及时关注大学生思想和情感的动态变化,家校衔接,合力抓好大学生的思想教育工作。除了学校环境和家庭环境内部的影响外,朋辈环境对大学生的影响也不能忽视。朋辈是指年龄相近、心理相似,享有共同价值观念、学习生活的朋友和同辈。朋辈之间容易产生亲近感、认同性和安全感,朋辈之间的示范效应能帮助大学生疏解心结、找到归属感,成为一种积极的鞭策和激励,有利于加强大学生的管理和思想政治教育。高校要注重大学生朋辈中优秀榜样的培养,鼓励学生党员发挥先锋示范和朋辈引领作用。北京师范大学开展"朋辈互助"活动,如"SHIP希望航程——学生党员在行动"活动、"红色1+1"共建项目、爱之翼志愿服务等,大学生在互助活动中得到了自我的成长,实现了1+1>2的效果,成为高校思想政治教育方式的有效补充。综上所述,学校环境、家庭环境和朋辈环境集体发力,形成合力效应,使高校、大学生、家长都能明确自己的角色定位,营造出全维度的优质教育环境。

除了以上三点外,推进高校思想政治教育主题网站转型,加速与其他网络思想政治教育平台的共融共享,嵌套更多的功能,是思想政治教育主题网站改革的方向。关于网络平台融合在上文中已经提及,在此就不再赘述。

五、高校网络思想政治教育平台结构的构建策略

从高校网络思想政治教育平台的组织机构来看,各要素之间存在各种关联,这种联系是否有序,直接影响到高校网络思想政治教育平台的运行状态。从这个意义上讲,平台内部结构关系的协调、秩序井然是高校网络思想政治教育平台结构构建的关键①。

(一)结构的整体构建

高校网络思想政治教育平台结构的构建是一个系统工程,应当最大限度地避免"头痛医头,脚痛医脚",也应当防止顾此失彼、舍此就彼。具体而言,第一,高校网络思想政治教育平台的构建目标应当具有整体性;第二,高校网络思想政治教育平台的优化措施应当具有整体性;第三,高校网络思想政治教育平台的构建目标和构建措施之间应当具有整体性。第四,高校应根据教育发展阶段涌现的新需求,对网络思想政治教育平台中的某些要素或某些局部进行重点规划或择优改造,它们会对其他要素或局部产生导向、示范、辐射等作用,从而使平台整体得到提升。总而言之,要把整体构建的观点贯彻于高校网络思想政治教育平台的各个方面、各个部分、各个阶段,力求实现平台结构的整体构建目标。

(二)结构的组织构建

党的路线、方针和政策的有效贯彻和落实需建立在理想的平台结构基础上。如果没有高度的组织贯彻力,高校网络思想政治教育平台就会变成一盘散沙。因此,加强高校网络思想政治教育平台结构的组织构建,是确保结构优化的关键。高校网络思想政治教育平台应当形成政府主

---

① 王倩. 主体性教学模式下高校思政课网络教学平台的构建[J]. 科技资讯,2018,16(15):234-235.

导、学校组织、社会帮扶的组织体系。政府主导是指各级教育行政机构、共青团加强网络政务平台建设,对高校网络思想政治教育平台进行监管。三级组织管理模式比较适合高校网络思想政治教育平台结构组成。一级组织是党委负责的网络思想政治教育平台;二级组织是各学院、各行政机构、团委、学工、学生社团负责的网络思想政治教育平台;三级组织是高校教师、学生个人的自媒体平台。党委是三级管理模式的核心,起统揽全局、协调各方、凝聚人心的作用。党委需要重点建设官方微信公众号、官方微博、思想政治教育主题网站等官方政务教育平台,做到大而全,体现其在高校网络思想政治教育中的主导地位。各学院、各行政机构、团委、学工、学生社团要隶属于党委的领导,他们负责的网络思想政治教育平台要与高校官方网络思想政治教育平台在目标上保持一致,在内容上要更加细化,做到小而精,与高校官方网络思想政治教育平台形成差异性配合。高校教师和个人的自媒体平台是高校网络思想政治教育平台中最活跃的因素,要发挥高校教师和学生个人的自媒体平台的思想政治教育作用,需要纳入党委全面领导,各学院、各行政机构、团委、学工、学生社团分级管理的体系中,加强对拥有自媒体的高校教师和大学生进行专业培训,加大对自媒体平台的监管,让更多的高校教师和学生成为网络意见领袖,让自媒体平台成为高校官方网络思想政治教育平台的有力辅助。高校网络思想政治教育平台的各级管理之间要加强组织协调,形成联动,使高校网络思想政治教育平台结构实现最优。社会帮扶是指社会上的组织对高校网络思想政治教育互动形成有效配合,例如社区组织学生参加的学习活动、志愿服务活动、就业指导活动等。这些活动的开展,一方面能够帮助大学生认识社会,为将来走向社会消除紧张心理;另一方面可以树立大学生回报社会、感恩学校的意识,积极参与高校网络思想政治教育平台的建设。

(三)结构的有序构建

要实现高校网络思想政治教育平台运行稳定,需要调整平台的架构组成部分,实现高校网络思想政治教育平台的健康、稳定、常态化发展。高校需要从以下几个方面做好工作:第一,高校网络思想政治教育平台各要素之间要形成协调有序的结构,使诸要素作为一个整体发挥作用,从而实现整体质的飞跃。高校要加快教育体制改革,从宏观上来看,合力调整教育者、教育对象和网络思想政治教育环境的关系,调整教育目的、教育内容、教育手段、教育载体和网络思想政治教育活动的关系;从微观上来看,要改进高校思想政治教育者的组织结构、队伍人员结构、素质能力结构,要精心设计网络思想政治教育内容,要科学融合网络思想政治教育载体,形成协同发展的效应。第二,高校网络思想政治教育平台要动态发展。高校网络思想政治教育平台运行不是一个静态的过程,而是根据外部变化自我调适的系统,是一个开放、发展的体系。各要素之间,各结构、各层次之间要根据网络思想政治教育的目的加强沟通和交流,使资源可以自由流通。平台需要随着社会环境变化而发展,对于外部环境的影响迅速做出反应和应对,根据社会的发展阶段来调整网络思想政治教育平台的目标和内容;高校网络思想政治教育平台要确保与时俱进,始终保持先进性,抑制社会环境带来的负能量,从而使平台的整体效果得到切实实现。

第五章 基于手机平台的高校思想政治教育网络平台构建

第一节 基于手机平台的高校思想政治教育的机遇与挑战

基于手机平台是指以手机为媒介而开展的大学生思想政治教育。手机集多种功能于一身，是多种功能的集合体，是对传统媒体的极大超越，其教育功能是任何传统媒体均无法比拟的，为大学生思想政治教育带来了机遇。但是，手机也是一把"双刃剑"，给大学生思想政治教育主体、对象、内容、环境等方面都带来了巨大的挑战。

一、基于手机平台的大学生思想政治教育的机遇

手机给大学生思想政治教育带来的机遇，离不开手机的强大功能及其特征表现。在如今的4G、5G时代，手机的功能从单一性到多样性、从通信功能发展到整合、教育的功能，以其便携性、移动性、互动性、个性化、多媒体性等特征，为开展大学生思想政治教育提供了多样的教育方式、丰富的教育内容，使得教育手段更加多元，教育时空更加开放，为大学生思想政治教育提供了更为广阔的平台。

（一）教育方式更加便捷

教育方式是开展思想政治教育至关重要的因素，方式得当通常能起到事半功倍的效果。手机比传统媒体的优势特征就是其可移动性，这对于实现思想政治教育目的具有十分重要的现实意义。如今的智能手机由于机身小巧、重量轻的特点，携带和使用起来都非常方便，使得一切信息都掌握在人们的手掌之中，随时随地就能传播和接收信息。对于思想政治教育工作者而言，可以通过手机短信、QQ群、微信群、微信公众平台等

多种渠道和方式,将一条信息在同一时间传递给所有的教育对象,而不再像过去那样,需要把所有的教育对象召集在同一场所才能够开展思想政治教育,这就大大方便了教育活动的开展。对教育对象而言,无论是行走、在车上,还是在其他移动的空间里,都能通过手机及时收到教育者发布的信息,大大提升了信息传播效率。另外,手机上网比电脑上网操作更加方便,只要打开手机的 Wi-Fi 设置功能,就能立即与无线网连接,开启网上冲浪,其使用方式比起复杂的电脑操作更加快捷。

手机技术的不断进步,强化了互联网的快捷性特征,不论是在信息传播的速度上还是使用上,手机都比传统媒体更为便捷,这主要体现在手机除了本身的通信功能外,还相当于一个小型电脑,只要在有网络的条件下就可以接受 QQ、微信、微博信息以及各大网站发布的新闻信息,简单而快捷。

(二)教育内容更加多元

基于手机平台的大学生思想政治教育内容表现出不同于传统思想政治教育的内容,显得更为多元化。教育内容多元化主要是指基于手机的综合功能,使得大学生思想政治教育内容元素更具丰富性、广泛性与多元性。

如今的手机是集交流、娱乐、商务、多媒体等功能为一体的主流沟通渠道,使得思想政治教育内容具有整体性。它将各种信息融为一体,形成独特的信息传播方式。这使得基于手机平台的大学生思想政治教育内容,是对传统思想政治教育内容的扩展,涵盖了方方面面的教育,包括道德、思想、心理等内容方面的教育。与此同时,基于手机平台的大学生思想政治教育内容表现得更为具体。例如,手机 App(Application)上可以下载各种各样的软件,可以毫不夸张地说,只要你想得到的东西都能在 App 上找到,并下载下来,这使得思想政治教育内容在手机 App 上显得更为丰富。手机 App 涵盖的内容包括电子书、游戏、视频、商务、多媒体等各类应用软件。这其中就潜在地包含了思想教育、政治教育、道德教育和心理教育。手机使这些内容相互之间并不是单一的独立个体,而是把所有的应用软件融为一体,并将各教育内容之间很好地连接起来,使得教育内容在表现形式上也更加多元了。

(三)教育手段更加多样

基于手机平台的大学生思想政治教育手段更加多样,是较之其他媒体的思想政治教育手段相对缺乏而言的,这与手机的整合功能密不可分。手机将交流、娱乐、商务、多媒体等功能整合于一体,其教育手段更加多样化,主要指手机平台上的应用软件类型多样,如QQ、微博、微信等即时交互软件,体现了极强的技术性、互动性、丰富性和便利性,并且涵盖了文字、音频、图片、视频等多形式的表达。

在4G、5G时代下,手机整合了种种媒介,集合了报纸、广播、电视等传统媒体的所有内容,充分发挥了信息传播的优势。它能整合多元的传播主体,将电信基础运营商和各种类型的服务提供商、内容提供商融合在一起,将生产、传播信息者与信息接收者合为一体。因此,在手机平台上,手机微博、微信、QQ等即时交互软件都整合于手机一体,可以利用其各自不同的功能发挥其教育优势。

在信息和网络发展的时代,手机已经成为集交流、娱乐、商务、多媒体为一体的综合应用,它在形式上的多样性决定了教育手段也具有多样性,可将文字、声音、图片、视频融于一体,从视觉、听觉、触觉多方面开展大学生思想政治教育,让教育内容不再显得枯燥乏味。例如,运用微信、QQ这样的即时交互工具,通过文字、图片、语音、视频等多种方式进行思想政治教育,用生活中的具体事例来代替传统的说教,用轻松的氛围来代替紧张的氛围,把教师与学生很好地联系起来,相比传统的思想政治教育方式更具亲和力,效果也更佳。

(四)教育时空更加开放

基于手机平台的大学生思想政治教育时空更加开放,是指运用手机开展大学生思想政治教育不受时间和空间的限制,随时随地可以开展思想政治教育。这与手机的随身性、网络的移动性特征密不可分,即在移动互联网的支持下,手机的随身性特征带来教育时空的更加开放。它打破了时空的限制,为家庭、学校与社会创建了一个更为畅通无阻的互动平台,达成了各方教育力量的有机组合,克服了由于各自因素无法及时交流的障碍,使得学校、家庭和社会等各方的教育力量,从独立状态促成新型合作关系,使手机的教育功能得以进一步实现。

手机的随身性优势实现了生活与信息浏览同时进行。例如,当等车、排队、候机、坐火车等有大量零散时间的时候,手机的可移动性、随身性正好填补了大学生的离散时间,无论他们身处何地,都能随时随地地接收老师传递的任何通知与信息。思想政治教育工作者也不再需要在固定的场所和时间才能开展教育活动,只要在有手机信号的地方、有网络的条件下,通过手机的通信功能,利用即时交互软件等方式就可实现思想政治教育的目的,随时随地传播思想政治教育内容。例如,通过手机短信、QQ群、微信群、微信公众平台等多渠道的方式,将一条信息在同一时间传递给多人,使得大学生能在同一时间、不同地点就能收到关于思想政治教育内容的信息。基于手机平台的大学生思想政治教育是新型的“人—机—人”的交往,手机在人们之间扮演着越来越重要的角色,起着很好的沟通作用,达到了点对面、全方位的覆盖式教育。只要打开手机移动网络,就能浏览各类新闻资讯,利用各类即时交互软件就可以和老师畅所欲言,发表自己的观点,实现了更好的即时互动①。

二、基于手机平台的大学生思想政治教育的挑战

任何事物都是矛盾的统一体。手机功能的多样性开辟了大学生思想政治教育的新天地,同时也加大了大学生思想政治教育的难度,在教育主体、对象、内容以及环境方面都带来了巨大的挑战。

(一)对教育主体的挑战

思想政治教育主体是指思想政治教育的承担者、发动者和实施者,可分为两类:一类是承担、发动、组织、实施思想政治教育活动的个体,如教师、家长、辅导员等;另一类是承担、发动、组织、实施思想政治教育活动的

①刘小雪. 高校思想政治理论课教学模式创新与实践——以兰州理工大学为例[J]. 大学教育,2020(03):118-120.

群体组合,包括各党团组织、协会等。这里所指的教育主体主要是指高校思想政治教育工作者、辅导员、班主任、学生社团、学生骨干、政府部门以及学生家长。

在移动互联网载体下,基于手机平台的思想政治教育工作的开展,对教育主体越来越提出更高的要求,对教育主体带来巨大挑战,主要体现在以下几个方面:第一,对手机软件应用能力的挑战。过去,思想政治教育工作者大多是依靠口头的方式进行说教,以上课、作报告的方式进行思想政治教育。然而,在移动网络信息技术高速发展的今天,教育主体要跟上时代发展的步伐,就要学会利用微博、QQ、微信等手机平台上的即时交互软件开展大学生思想政治教育,才能使得工作更加便捷有效,为大学生所接受与喜爱。很多高校的辅导员、班主任、学生社团以及学生家长习惯于传统的以说教为主的教育方式,在对信息内容的表达上显得略为传统、死板,缺乏吸引力,同时又由于缺乏网络信息技术的应用能力,在知识结构方面还不能适应信息时代的需要,对于手机媒体资源的使用、手机媒体的特点等只有大体上的认识和了解,还无法达到使用手机来开展大学生思想政治教育工作的能力。第二,对个性化教育的挑战。由于教育对象具有复杂性、特殊性特征,简单地、机械地使用千篇一律的教育方式是不可取的。思想政治教育避免用同一种教育方法去面对不同的人和问题,这样通常不能起到很好的教育效果。手机的短信群发功能可能导致教育主体将同一条信息、知识发给所有的学生,从而不利于个性化教育,不能突出针对性。在手机平台上,每个人不仅是信息的接收者,还是信息的传播者,都可以根据自己的兴趣爱好来编发信息,从而使得信息打上了个人印记。每个大学生都是独立的个体,具有不同的思想特点、兴趣爱好和思维方式,表现出明显的层次性,彰显出独有的个性,这就使得高校教育主体在对大学生开展思想政治教育工作的时候不能千篇一律、统一对待,而应该结合每个学生独具的特点、个体的需求,利用手机各软件的功能优势进行针对性、个性化的教育,做到尽可能地发掘每一个学生的潜能,寻找其闪光点,真正做到因材施教。

(二)对教育对象的挑战

教育对象是思想政治教育活动所作用的对象,文中的教育对象主要是指大学生群体。手机娱乐功能、整合功能给大学生思想政治教育工作开辟了新的天地,但是也带来了很多困难。主要表现在以下几个方面。

第一,对思想的挑战。由于大学生的心理与生理正处于人生成长的特殊阶段,对于形成正确的世界观、人生观、价值观至关重要。同时,他们也处于心智尚未完全成熟的阶段,具有极大的可塑性,极易受外界因素的影响。从互联网发展起,西方发达国家就掌握着网络控制权与话语权,而手机又作为移动互联网的延伸,手机对信息的传播如同网络一样通过复制粘贴、转发再转发的过程成倍传播,一些不良信息的传播对大学生正确价值观的培养产生极大的消极影响,使得大学生的思想道德容易偏离主流意识。

第二,对学习的挑战。大学生过分依赖手机而导致学习成绩下降,在大学校园里经常会发现这一现象:学生上课、走路、逛街、吃饭、聚会时都在玩手机,绝大部分学生都机不离身。有些学生入睡前要用手机上一会儿网,醒来第一件事也是拿起手机上网。在课堂中,尤其是像《思想道德基础与法律修养》《毛泽东思想和中国特色社会主义理论体系概论》这样的公共课,会发现很多学生都在玩手机打发时间,这极大地影响了学生的课堂学习质量和教师的教学质量。

第三,对生活的挑战。生活中,如果逛街、出行很长一段时间手机没响,就会拿出手机看看是否有遗漏的短信和未接来电;与朋友聚会时,也是各自拿出手机上网浏览新闻、微信朋友圈、QQ和微博,生怕错过重要资讯,大家围坐在一起就像一群互不认识的陌生人。过于沉浸在手机的虚拟环境中,容易导致人与人的现实沟通越来越少,甚至到了面对面都无言以对的境地,反而不利于培养同学之间的情谊,最终导致人际交往越来越疏远。

(三)对教育内容的挑战

由于手机是网络的延伸,同样具备了网络的开放性特征。网络上一些偏离主流价值观的言论严重影响了大学生的三观,这在手机上也有体现。因此,手机的多样性功能同样也对大学生思想政治教育内容带来难度。主要有以下几个方面的表现。

对教育内容主导性的挑战。手机将各即时通信软件整合于一体,并且随着技术的发展,每一个软件都可以开发出相应的教育功能,都可以利用其优势来展开大学生思想政治教育工作,同时也让思想政治教育工作者难于抓住教育内容的主导性。

对教育内容针对性的挑战。教育内容有主次之分,它们在思想政治教育过程中所发挥的作用也是不同的,因此要善于突出重点,在确定教育内容时,就要把作用相对较小的放到次要地位,作用相对较大的要放到主要地位。手机是传播海量信息的媒体平台,所传播的信息内容必然是五花八门的,每一个手机软件都有其自己的优势,功能也不尽相同,在开展大学生思想政治教育工作时发挥的作用也不一样。这就影响到思想政治教育工作者合理利用各即时通信软件开展大学生思想政治教育,对教育内容的把握也缺乏针对性。例如,教育主体应选择哪种手机软件开展哪项教育工作,是用微博、QQ还是微信去传播相应的思想政治教育内容,都是值得教育主体深思的问题。

对教育内容主流价值观的挑战。手机与移动网络的结合,导致手机也具备网络的开放性特征,所传播的信息必然会良莠不齐,导致垃圾信息、假信息泛滥,甚至潜藏了一些法律和伦理道德问题,冲击着社会主义核心价值观的教育,影响大学生对信息的鉴别能力和防御能力。手机短信的低门槛,容易冲击精英文化,颠覆传统的理想、道德以及观念。并且,一些对现实生活的调侃、游戏人生等观念也会冲击大学生的人生观、价值观。而很多大学生却将这些无聊的信息当作幽默,热衷于这种"快乐",极大地阻碍思想政治教育工作的开展,不能达到思想政治教育的真正目的。

(四)对教育环境的挑战

本书中所指的教育环境主要是指基于手机平台的大学生思想政治教育环境。人的思想品德是在一定的环境里形成和发展的,思想政治教育活动也是在一定的环境里形成的。作为思想政治教育环境系统中的大众传播媒介环境具有广泛性、复杂性、导向性等特征,使得大众传播媒介环境对人的思想品德形成和发展具有广泛而复杂的影响。

手机作为大众传播媒体中的一员,其传播生态还处于较脆弱的阶段,在呈现出积极的教育意义的同时,还有消极、负面的影响,这需要引起政府、媒体、学校和家庭等各方面的重视,共同努力营造一个基于手机媒体的健康教育环境。手机平台上大学生思想政治教育环境的挑战表现在以下三个方面。

对法制环境的挑战。手机微博、短信等使用门槛低,大学生在利用其传播信息时,如果不具备法律意识,通常会出现侵犯名誉权、隐私权、著作权等现象,有的大学生出于好奇、好玩,偷拍他人的个人隐私并通过手机发布出去,导致法律纠纷。因此,高校思想政治教育工作者要让学生了解手机媒体特别是短信、微博、微信等手机软件的特点,充分认识到所谓的言论自由并不是随心所欲的绝对自由,公民的言论自由必须以遵守相关的法律法规为前提。

对网络环境的挑战。互联网的诞生促进了不同文化的交流与融合,但我国也受到西方资产阶级意识的侵袭,网上充斥着大量的西方资本主义价值观的内容,特别是随着4G、5G移动互联网技术的发展与普及,传统互联网上的垃圾信息又通过移动互联网技术转向手机媒体,手机作为网络媒体的延伸,更是西方敌对势力渗透的重要载体,给大学生思想政治教育带来一定的困难。

对校园环境的挑战。校园环境直接反映了一个学校的校风与学风,是学校的重要组成部分,是传播校园文化最好的窗口,彰显了一所大学的办学理念。好的校园环境能够陶冶师生情操、促进学生发展。手机在给大学生带来便利的同时,也引发了一些伦理道德问题,这在一定程度上冲击着校园环境。

第二节 基于手机课程平台高校思想政治教育网络系统平台的模式

模式是一种概括化的构架,是一种可模仿的样式或行为规范。它可以是多层面的,也可以是多视角的,既可以从事物的整体来考虑,也可以从事物的局部来考虑。然而,同一种事物又可以构建出多种不同的模式,它与事物发展的目标相联系,有什么样的目标也就会导致什么样的模式。基于手机平台的大学生思想政治教育模式是指以手机为平台,以大学生为教育对象的一个思想政治教育模式。下面将从教育主体、教育资源、教育对象和教育环境等四个方面,来探讨基于手机平台的大学生思想政治教育模式。

一、实现教育主体的多元与协调

随着信息网络技术突飞猛进的发展及其在思想政治教育中的应用,传统思想政治教育模式中的教育主体,已经很难适应当前多变的教育环境以及教育对象的复杂性,必须超越原有教育主体的局限,实现教育主体的多元与协调。

(一)实现教育主体的多元

教育主体是指在教育过程中依据一定的社会或阶级的要求,对思想政治教育对象的思想品德施加教育影响的个体或群体。显然,从这个角度来看,从事思想政治教育的工作者、辅导员、班主任、家长、党组织、学生社团、学生会、学生骨干、政府等群体都应属于教育主体范畴。基于手机平台的大学生思想政治教育主体多元,是针对传统的思想政治教育主体的单一性而言的,主要指除了高校专门从事思想政治教育的教师群体以外,还包括政府、学生社团、学生骨干、家长等群体。只要手中拥有手机这一传播工具的个体或群体,都可以成为思想政治教育主体。

网络上具有丰富的思想政治教育资源,而手机又是互联网的延伸,是重要的移动终端。手机具有的多种功能,为各类教育主体开展思想政治教育提供了条件,使基于手机平台的思想政治教育主体呈现多元化。手机作为媒介融合的重要平台,整合了多样的传媒形态,承载报刊、广播、电视等传统媒体的内容,并充分发挥网络媒体本身所具有的一切传播优势。它的这些优势使得手机媒体能够渗透到人们生活的各个方面,使得个人在手机平台上掌握的传播工具也越来越多,人人都可以成为信息发布者与传播者。手机这一媒介能将政府、学校、家长等各教育主体紧密联系起来,共同参与大学生思想政治教育。

过去,学生获得知识主要是从教师、家长以及书本上得来,受到教师、家长及书本知识的局限。而现在,在网络技术不断提升和信息技术快速发展的大背景下,学生获得知识不再单纯是从教师、家长、课本上而来,更多的是来源于社会、来源于网络、来源于各手机应用软件,这是现代获取信息与旧时代相比,体现出的最大优势。因此,教育主体要充分发挥好手机的多样性功能在大学生思想政治教育中的优势。首先,各教育主体进行分工与合作,利用不同的手机软件开展不同的教育活动,并将教育活动与手机上各应用软件融为一体。其次,还要通过各种手机应用软件努力吸引各教育主体参与到大学生思想政治教育中来,最大限度地发挥各自的优势[1]。

手机微博可以将政府、高校、社团、学生骨干、家长等教育主体通过"互粉"——相互关注来加强联系,各自在手机微博上进行有关思想政治教育活动,从而形成广泛的舆论效益。

(二)实现教育主体的协调

教育主体的协调是指各教育主体之间基于手机平台进行优化配置和组合,使得各教育主体之间相互协作,以达到最优的教育效果。教育主体的多元需要各教育主体之间在手机平台上朝着统一的教育目标,明确各自职责,发挥各自优势,达到各教育主体之间相互协作与配合,充分发挥各教育主体的集体力量,最终形成教育合力。

古希腊思想家亚里士多德说过:"整体大于它的各个部分的总和。"各

---

①胡笑非. 以微信为平台构建高校思政教育管理新模式[J]. 记者观察,2019(24):100.

教育主体都有其各自的优势，有利于促进大学生思想政治教育工作的开展。将各教育主体的优势通过手机平台进行协调，有利于达到事半功倍的效果。因此，手机平台上的教育主体就需要进行协调，相互配合，相互协作，以起到整体大于各部分总和的作用。由于每个学生都以不同的方式接受着学校、社会、家长三方的教育，而这三方教育之间应该是相互协作的关系，教育学生不应只是学校应尽的义务与责任，应得到社会的关注，家长更是应该积极参与到大学生思想政治教育中来。手机上丰富的教育资源有利于将各教育主体整合为一体，只要利用手机上各即时交互软件，便可以将各教育主体紧密联系在一起，共同参与大学生思想政治教育工作。

各教育主体都在不同程度上发挥各自的优势，如果能将各教育主体的优势通过手机平台整合为一体，优势则能以倍数的力量发挥出最大的作用。例如，辅导员是大学生日常思想政治教育和管理的组织者、实施者和指导者，是大学生成长道路的引导者，是大学生的良师益友。辅导员平日与大学生相处密切，更能洞察到学生的心理变化。辅导员通过手机QQ、手机微博、微信等应用软件能够及时疏导大学生的心理问题，以起到防微杜渐的作用。专业课教师的最大优势在于掌握学生对专业的学习情况，课后与学生通过手机QQ、微信等即时通信软件进行交流，通过学生的反映，做出及时的教学调整，以达到最优的教育效果。另外，专业课教师通过学生对专业课的学习，充分发掘学生的潜能，将教学与大学生的职业生涯规划、兴趣爱好相结合，进行针对性的教学，这样将学生的兴趣与学习相结合，更利于吸引大学生，提高学习的积极性。教师对这些情况的掌握无疑需要借助手机即时通信软件，可见，手机能在教师与学生之间起到很好的信息沟通作用。

学生社团的优势在于开辟了学生的第二课堂，能够实现和满足学生个人兴趣爱好需求。学生社团以其思想性、艺术性、知识性、趣味性与多样性特征，将不同年级、不同专业的学生通过兴趣爱好联系在一起。因此，学生社团也应该是教育主体，通过在手机微博、微信上开展各类活动培养学生的兴趣爱好，活跃学校学习氛围，提高学生自我管理的能力，从而促进学生德、智、体、美、劳全面发展。

学生骨干通常是学生群体中的精英,是学校领导和班主任的得力助手,在学生群体当中通常起着模范带头作用,因此,学生骨干是高校学生思想政治教育工作的中坚力量,也应属于教育主体的范畴。他们通过手机QQ、手机微博、微信等即时通信软件可以更好地起到教师与学生之间的桥梁作用,及时有效地传递信息,服务教师与学生群体。

培养学生不仅仅是学校的责任,也应是政府、社会和家庭的责任,更需要得到各方面的支持与配合。政府的相关宣传对学校教育产生极为重要的影响,家长与学校的配合有利于辅导员更好地掌握学生的心理动态。因此,以上这些教育主体通过手机平台上的各类应用软件,例如,手机微博、手机QQ、微信等软件,不同程度地发挥自己的优势,并且手机还能整合这些教育主体,将其紧密联系在一起,通过手机进行沟通与传递信息,共同担任起大学生思想政治教育的责任。

(三)实现教育主体的多元与协调统一

"统一"意为合为整体、归于一致。教育主体的多元与协调统一就是要使分散在不同岗位的教育主体,基于手机平台上的软件功能与优势进行相互协作,发挥好各教育主体的优势,最后拧成一股绳以达到"整体大于局部之和"的教育效果。实现教育主体的多元与协调统一是由于各教育主体都具有各自的优势,通过手机平台将各自优势整合为一体,实现统一,促使大学生思想政治教育从平面走向立体化,形成教育合力。因此,要通过建立相应的机制去实现教育主体的多元与协调统一。第一,以教育部门为主导。教育部门负责对教育事业进行组织领导和管理,根据党和国家的方针、政策制定相应的教育方案,并结合时代发展的需要,将各种教育资源进行整合以促进教育,提高教育的整体质量。教育部门在手机平台上要把握好思想政治教育的核心,不能偏离教育部制定的一系列教育制度,有针对性地将各教育主体通过手机微博、手机QQ、微信等平台联系起来,进行有效互动和资源配置,做到主次有别,充分发挥其导向作用。第二,建立学校、家庭、社会相结合的机制。每个大学生都在潜移默化中接受学校、社会和家庭三方面的教育,三者虽然相互独立,但也相互联系、相互影响。学校教育是学校按照党和国家的教育方针、教育计划,通过专业课教师、辅导员、班主任的力量对学生进行有目的、有计划的正规教育，而学生很长时间都是在学校中度过，学校教育对学生的成长与发展起着关键作用。家庭教育则是建立在血缘关系、经济关系和感情联系基础上的，家长的言传身教都对晚辈产生很大影响。因而，家庭教育仍然是思想政治教育的重要组成部分。社会教育是来自党的思想政治教育工作者、宣传工作者、文艺工作者、专家、群众组织中的广大干部人群，他们通过报纸、杂志、广播、媒体等渠道开展形式多样的教育活动，通常能够形成广大的社会舆论效应，成为一种无形的精神力量。正确的、积极的社会舆论在人们社会交往与活动中起着推动作用，相互促进与激励。因而，社会教育是具有广泛影响力的教育，也不容忽视。学校、家庭、社会三方的教育都具有各自的特点，居于不同的地位，产生不同的作用，它们之间不能互相代替。三者之间要做到相互沟通，即利用手机短信、手机微博、微信平台实现三方教育主体的统一，做到相互协调、相互配合。学校可以将学生的表现通过手机短信方式告知家长，共同教育；学校通过组织学生参观、调查等方式让学生利用手机视频进行学习，将三方教育综合起来，形成教育合力。第三，专家与学生社团相结合。专家都是在学术、技艺等方面有着较高造诣的专业人士。教育专家是专门从事教学与教育工作的，通过长期对教育问题的关注，特别了解学生的心理和生理特点、学生的兴趣爱好。将专家与学生社团结合起来，有利于学生社团能更好发挥"第二课堂"的作用。专家通过手机微博上的微课堂、微信朋友圈、手机QQ群共享等平台进行远程指导，帮助建立最能吸引大学生的社团。因此，将各教育主体的优势进行协调统一于手机平台，能够促进大学生思想政治教育的开展。

二、实现教育资源的共享与开发

教育资源随着信息化的发展以及与网络平台的有效结合，得到不断扩大。通过新兴的网络教育社区、教育博客、校园网等平台，将教育资源在网络平台与手机平台上进行共享。手机媒体因其与大众传播媒体的不同，表现为更多的具体形式，整合所有的应用软件于一体，发挥着教育合力的作用，能更好地传递大学生思想政治教育信息。并且，手机信息传播形式多样、不断出新,有利于吸引大学生的关注,是现代新型教育资源,应当最大限度地发掘其教育优势。同时,教育对象具有复杂性,还要根据教育对象的个体性和兴趣点,有针对性地开发能够承载大学生思想政治教育内容的手机应用软件。

(一)实现教育资源的共享

教育资源的共享是指具有传递思想政治教育内容的各类应用软件,通过手机媒体平台达到教育资源的共享,并能供各教育主体加以利用,从而实现思想政治教育的目的。

实现教育资源的共享有利于整合分散的教育资源,以达到最大限度的利用。对于学生来说,能够通过手机平台享受到来自不同学校的教育资源。对于学校来说,教育资源的共享还能够大大降低大学生思想政治教育的成本,扩大教育的影响范围。

手机是集交流、娱乐、商务、多媒体等功能于一体的主流沟通渠道,它的多种功能决定了手机具有很大的教育价值,使得教育资源具有丰富性和多样性。教育资源的丰富性表现在两个方面:一个是教育软件的丰富,另一个是教育主体的丰富。这都得益于手机的强大功能,即手机的整合功能。它整合了教育信息传播的应用软件,即将各种即时交互软件和社交性网络平台整合于手机一体,不仅整合教育资源,还能够整合教育主体,将思想政治教育工作者、学生社团成员、辅导员、班主任、家长等各教育主体通过手机紧紧联系在一起。

有效进行资源共享就不得不提到QQ群、微信群,利用它们就可以有效地进行教育资源共享,以提高大学生思想政治教育的实效性。QQ群、微信群都具有及时性、交互性、可重复性、可拓展性等功能,可将与思想政治教育相关的新闻、图片、文字信息发到微信群、手机QQ群中,实现资源共享。高校思想政治教育工作者、辅导员、班主任以及学生干部可以在QQ群、微信群里开展大学生日常管理、心理健康教育、就业指导等工作,将最新的通知、学习文件通过QQ群与学生进行沟通,不需要在固定的场所与固定的时间进行。只要是群里的一员,都可以收到群主发的消息,实现"点对面"的覆盖式交流,不仅克服了时空上的限制,还大大减少了教育成本。另外,群发信息的传播形式多样,可通过手机QQ、微信图片、语音、视频等信息传播形式,增添了教育的趣味性和感染力,克服了传统的单一说教形式,更利于被大学生接受与喜爱,大大提升了工作效率。

此外,随着手机技术的进一步发展,手机最大的功能就是其上网功能,与移动互联网相结合,使得手机成为一个小型的可移动电脑。互联网具有很强的交互性、及时性、丰富性和共享性特征。网络的共享性特征,使得网络上的海量信息资源可移植到手机上来,使手机也具备互联网的特征。值得一提的是,网络的强大复制功能使得信息成倍数传播,并通过粘贴实现信息的分享。而手机作为融合媒介,也可以将信息进行复制与粘贴。通过QQ群、微信群转发的方式将信息发散出去,让受教育的影响范围更大。另外,教育主体可以将国内外各大高校的公开课,通过QQ群、微信群让学生根据自己的兴趣有选择地观看,这样可以让学生感受到来自国内外不同学校教师的教学风格。

(二)实现教育资源的开发

教育资源的开发是指以手机平台为依托,充分调动人的主观能动性,通过技术人员开发具有权威性、指导性、可操作性、服务性并带有教育功效的软件,建立实时的思想政治教育信息数据库,使思想政治教育信息的搜集、存储、管理实现信息化、网络化的手机文化。在校园里形成一定的手机文化,有利于实现教育现代化的发展,有利于不断丰富与创新大学生思想政治教育载体。

开展基于手机平台的大学思想政治教育需要对教育资源进行开发,教育主体如不加强共同开发,教育资源终会受到限制。因此,各教育主体需要进行合作,共同受益。实现教育资源的开发需要充分发挥人的主观能动性,根据教育对象的复杂性,有针对性地不断深入研究,结合大学生的生理与心理特征开发具有教育价值的软件。另外,手机正成为人们的新"器官","手机族"也越来越多,手机文化的影响力也越来越大,这就迫使教育主体在开发新的教育资源时必须高度重视手机文化的特性。

基于手机平台的大学生思想政治教育,要实现教育资源的开发,要充分发挥手机可移动性、定向性、精准性等优势,并结合高校思想政治教育工作的实际、大学生的实际,开发出能够不断满足大学生需求的具有教育意义的软件。对于学校来说,不同高校的文化底蕴不同,对于学生的培养也不同。对于学生来说,不同年级、不同专业的大学生需求不一样,而每个大学生个体需要的文化产品也会不同。因此,实现教育资源的开发要做到以下几点。

第一,针对不同的教育对象开发出与其需求相适应的手机软件。例如,每个大学生的喜好、兴趣都不同。有的喜欢小说,有的喜欢电影,有的热爱运动,有的热爱设计,等等。教育资源的开发只有满足了大学生的需求才能够使基于手机平台的大学生思想政治教育工作的开展具有现实意义,才能真正让手机与大学生思想政治教育结合起来。因此,开发教育资源要以学生的兴趣爱好为出发点,满足各类学生的需求,开发特定的手机文化产品。例如,对于爱好小说的学生,可以开发与文学相关的手机软件,"经典名著""小说连载阅读""诸子百家"等电子书,对于爱好历史的可以开发诸如"百家讲坛"这类具有教育功能的软件,通过 App 就可以下载到自己的手机上供学生课后学习。对于想加强外语学习的同学,软件开发工程师可以开发"英语口语""听新闻学英语"之类有声学习软件。开发教育资源,有利于弥补课堂时间的局限性,让教育走出课堂,走进大学生的生活之中。

第二,针对不同的高校思想政治教育工作实际,开发与其需求相适应的手机软件。对于不同年级、不同专业的大学生,高校开展的教育当然也不相同。对于刚进入大学的新生来说,对于他们的思想政治教育主要是帮助其迅速适应大学生活,转变角色。其次,刚入学的大学生对于自己的专业未来发展并不了解,这就需要教师对专业进行相关介绍。对于即将面临毕业的大四毕业生,需要进行就业指导教育与职业规划教育,以帮助其树立人生目标,实现自己的理想。但是,过去总是在固定的场所和固定的时间,通过指定的教师对学生以面对面的课堂学习为主,这在当今迅速发展的互联网时代已显得过时。如今在手机平台下,则可以突破这种过于呆板的教学方式,利用手机微信等软件对大一的学生以轻松互动的形式开展入学教育。通过手机微信朋友圈,分享一些入学守则、小故事等形式,让学生能在潜移默化中学习到自己的校园文化精神,了解自己的大学。对于大四毕业生可以通过QQ群、微信公众平台推送相关的就业信息与面试技巧,指导帮助大学生及时掌握就业信息动态,顺利通过面试,找到自己理想的工作。另外,还可以通过手机微博的碎片化信息将各种就业信息集合起来,再通过学校的微博账号将消息发散出去。学生通过关注学校的微博就可及时阅读到相关的就业信息。另外,进行职业规划教育还可以通过微信公众平台分享一些励志小故事,给学生一定的鼓舞。每个高校的思想政治教育工作,实际还与各个高校自己的文化底蕴和优势专业相关,培养学生的目标也不一样。有的高校侧重培养有思想、有远见、有担当的时代英才;有的高校侧重培养出具有创新精神,能够与时俱进的学生。因此,开发出能够满足工作实际需要的手机软件,能够更加发扬各高校的校园文化精髓与优势,能够培养出具有自己特色的优秀大学生。例如,通过手机微博、微信公众平台分享关于学校历史的资料、知名校友在校的经历,以文字、图片、视频等形式展现出来,培养学生以母校为荣的自豪感,形成与学校融为一体的气质。利用手机微博开通热点讨论专区,发起学生互动讨论,培养学生思考问题的能力。同时,还可以通过手机QQ群功能分享专业教师的教学计划,让学生提前熟知课堂学习的内容。

第三,针对不同教学内容开发出相应的文化产品。不同专业的学生学习内容不一样,关注的问题也不一样,这就要求开发的教育资源与大学生的专业学习相关,这样才能将手机的多样性功能与思想政治教育具体工作的开展联系起来。例如,以各科专业为中心的手机学习软件、以社会主义核心价值观为主题的手机软件、以爱国主义为核心的手机软件、以改革创新为时代精神的学习型软件等。将大学生的学习与生活更多地融入手机之中,通过手机文化来培养学生德、智、体、美、劳全面发展。

(三)实现教育资源的共享与开发统一

"统一"即在不同平台和不同的阶段进行有机的互动和整合。实现教育资源的共享与开发统一,就是要将各分散的教育资源及新开发的具有教育功能的文化产品通过整合、优化,统一于手机这一载体之上,实现教育资源的共享与开发形成一个整体,充分发挥出各教育资源的整体力量。

教育资源的共享与开发是相互作用、彼此联系的有机整体,教育资源的开发是共享的前提和保证,教育资源的共享是开发的目的和手段,二者相互促进,共同发展。如果教育资源的共享与开发不能做到统一的话,那么教育资源的整体优势就没有办法发挥,只有让教育资源共享和开发做到有机统一,才能让教育资源进行整合并得到有效利用,最终促进基于手机平台的大学生思想政治教育工作的开展。要实现教育资源的共享与开发的统一必须做到以下两点:

第一,以移动互联网为技术支撑。教育资源进行共享离不开手机平台,而手机的强大功能得益于与移动互联网的结合,手机上的资源才能得到不断丰富与创新。开发手机教育资源要依托移动互联网技术,抓住移动互联网的特征,即网络的交互性、及时性、丰富性、渗透性和共享性。在软件开发的过程中要注意三个方面:首先,教育资源的开发要具有交互性与及时性的特征,能让教育主体和教育对象及时沟通,不受时间上的限制,利用闹钟提醒、推送等方式让教育对象及时收到信息,不至于因"时间差"而影响到教育效果。其次,教育资源的开发要具有丰富性。丰富性表现在信息传播形式上要多样化,种类多样。不仅能运用图片、音频、视频等生动形象的方式传送消息,让教育在效果上更具感染力,还要涉及内容广泛,应包括各专业教育学习软件、网络文学等满足大学生需求的软件。最后,教育资源的开发还要具有渗透性和共享性。所谓渗透性是指软件的使用能与大学生的日常生活相结合,能将思想政治教育信息融入大学生的学习、工作、娱乐生活和衣食住行中,让大学生在获取信息的同时,在不知不觉中受到教育。

第二,资源的开发要与思想政治教育内容相结合。任何教育资源的共享与软件开发都不能偏离思想政治教育内容,即世界观教育、政治观教育、人生观教育、法治观教育和道德观教育。每个教育内容之间又是相互联系、密不可分的,只有将各教育内容通过合理的排列组合,才能使思想政治教育发挥出最大的作用,为大学生所接受。因此,教育资源的共享与软件的开发要与思想政治教育内容紧密相连,培养大学生正确的世界观、政治观、人生观、法治观和道德观,成为综合素质高、身心全面发展的优秀大学生。

三、实现教育方法的多样与集成

方法是保障主体达到预期目标所采用的方式和手段。方法不得当,会造成思想政治教育效果不理想,甚至适得其反;方法使用恰当,不仅使教育对象能够很好地吸收思想政治教育内容,而且还能达到理想的教育效果。思想政治教育方法问题是对思想政治教育原理的具体应用的体现,任何目标的实现以及最终效果都离不开具体方法的科学指导。

(一)实现教育方法的多样

方法多样是相对于传统思想政治教育方法来说的,是在继承传统的思想政治教育方法基础上的拓展与延伸。实现教育方法的多样,是手机平台上具有多种教育工具及其多样性的功能,使得大学生思想政治教育方法具有多样性,除了传统的经验教育法、单向传输教育法、单纯说教说服方法、单项型教育方法之外,还可以利用手机进行科学的、多载体的、综合型的教育。

教育方法通常承担着传递教育内容,直接影响教育的效果。方法得当,可以使教育内容更好地被大学生接受与吸收;方法不当,通常会产生相反的作用,阻碍教育实际效果的作用。基于手机平台的思想政治教育,不仅要注意教育主体的多元、教育资源的开发、教育内容的科学性,还要注意教育方法的多样性。思想政治教育活动是丰富多彩的,相对地,教育方法也应是多样的。这是因为每个大学生都是独立的个体,具有自己独特的性格特征,都有自己的需求。因此,实现教育方法的多样有利于避免思想政治教育"一刀切",促使教育具有针对性和个性化,达到因材施教。

实现教育方法的多样,是以手机平台为载体,以移动互联网为依托的。在移动互联网络技术的支撑下,手机的功能得到不断拓展与丰富,它整合了各类社交性网络平台和即时交互软件,多样的教育工具使得教育方法更具多样性,教育主体可根据不同情况、不同对象采用不同的方法。手机微博、人人网、手机QQ、微信等软件,每一种应用软件都具有各自的优势特征,表现出不同的功能。因此,基于手机平台的大学生思想政治教育方法显得丰富多样,将教育化静为动,从平面走向立体,更加生动形象。同时,手机上丰富多样的应用软件为教育主体提供了多样的教育方法,即主体交互法、主题交互法、信息共享法与环境熏陶法。在教育过程中更是增添了趣味性、生动性,真正做到寓教于情、寓教于行、寓教于乐。

第一,利用手机QQ、微信、易信功能开展主体交互法。教育主体可充分利用易信、微信、QQ即时交互的特性,通过文字聊天、语音留言等方式与大学生进行思想上的沟通与互动,从而实现思想政治教育的目标。使用易信、微信、QQ平台开展教育打破了传统面对面的说教,只要轻轻触动手机上的软件功能,就可随时随地进行思想政治教育,增强了互动性,操作也更加便捷。

第二,利用手机微博、微信开展主题讨论法。通过微信的朋友圈、手机微博的话题讨论,教育主体可以设定各种大学生感兴趣的主题进行讨论,让学生纷纷发表自己的观点和见解,从而培养学生善于发现问题以及独立思考问题的能力,达到思想政治教育的目的。

第三,利用手机微博、QQ群、微信群的功能开展信息共享法。它们的特点都是能容纳的人数较多,不限制身份,只要通过群主验证即可成为群中一员。辅导员、专业课教师开通自己的QQ群、微信群,在群里发的信息都可以被群成员看见,并且只要发一遍就可让所有的学生在同一时间收到并进行浏览,大大节省了辅导员、专业课教师的工作量。因此,辅导员可选择性地在群里发送大学生关心的焦点问题、热点问题,并解答学生的疑问。专业课教师可以针对学生不懂的专业问题进行一一解答。另外,微博还与新闻、音乐、视频等媒体平台进行合作,通过微博与其他媒体平台的链接可转接到其他媒体平台上的资讯,有利于实现信息共享。

第四,高校党委宣传部、学生会、学生社团通过微博、微信开展环境熏陶法。高校、学生社团应形成以微博、微信等即时通信软件开展教育的氛围,并形成一定规模的以手机为载体的教育平台,达到以群体的力量去影响个体的力量,使得思想政治教育能够真正走进大学生的生活中,实现教育生活化。

(二)实现教育方法的集成

教育方法的集成是指手机逐渐成为集交流、娱乐、商务、多媒体等各功能为一体的主流沟通渠道。在此平台上,就可以将显性教育、隐性教育、疏导教育、比较教育、自我教育、预防教育等方法都集成于手机之中,以更好地适应复杂多变的教育环境,充分发挥隐性教育的优势。

如今的手机具有整合功能,将各社交性网络平台和即时交互软件整合于一体,这为教育方法的集成提供了条件。实现教育方法的集成有利于整合各种教育方法,不断优化教育方法,采用更加科学的方式方法进行大学生思想政治教育。同时,实现教育方法的集成有利于综合运用多样的教育方法以面对复杂的教育对象和教育环境。

第一,将即时通信软件整合于一体,开展主体交互法。例如,手机QQ、微信,它们都属于社交聊天工具,共同的特点都是支持文字、图片、表情、语音、视频聊天等功能。这就有利于教育主体利用其开展主体交互法,与学生进行互动交流。辅导员可以利用即时通信软件和学生保持联系,将学校发布的通知、信息通过QQ群、微信群让大学生随时随地就可以接收到,而不至于像过去那样辅导员需要在固定的场所和时间把学生召集起来。只要通过网络,就可以将信息准确无误地传达至学生,这不仅简化了辅导员工作的程序,而且也方便了学生。专业课教师则可以利用微信、QQ等聊天工具与学生互动,主动关心学生课后对知识的掌握情况,及时回答学生课堂上没听懂的知识点。另外,专业课教师还可以将知识点进行归纳总结,发布至QQ群、微信群里让学生课后花时间自己去学习,还培养了学生自己思考的能力。

第二,将手机微博与其他媒体链接整合于一体,开展主题讨论法与资源共享法。手机微博具有最大的优势在于其教育功能,这应该被专业教师重视并加以利用,发挥其价值。专业教师可以将课堂视频传到手机微博上,通过在线课程组织学生观看。依据微博传播方式的互动性特征采取主题讨论法,辅导员、专业课教师可以针对主题内容,利用微博传播信息方式多样性特征,通过生动的例子让学生从情感上了解与感受。例如,在微博平台上粘贴电视剧《五星红旗迎风飘扬》的链接地址,组织学生观看视频,学习以钱学森为代表的一批爱国科学家对祖国的忠诚以及他们将献身祖国作为人生最高追求的奉献精神,从情感上培养学生的爱国主义精神。相比传统的说教方式,这种方法更增添了教育过程的趣味性,寓教于情、寓教于乐。通过微博与其他媒体的链接达到资源共享。微博的文字信息发布必须控制在140字以内,对于信息量大的内容来说具有一定的局限性。因此,应该利用好微博与其他超媒体链接实现信息的分享与传播。目前,多家网站与微博已进行了相关合作,包括新闻资讯、音乐、视频等内容。用户只要点击微博的相关链接就可以浏览到其他媒体平台的资讯,这样有利于实现教育资源的共享。同时,资源共享法与主题讨论法都能集成于微博之中,实现综合教育方法的运用,创新思想政治教育方法。

(三)实现教育方法的多样与集成统一

实现教育方法的多样与集成统一,是指将基于手机平台的多样的教育方法通过整合集于一体,统一于手机平台上。

实现教育方法的多样与集成统一有利于综合运用各教育方法,充分发挥每一个教育方法的优势,最大限度地利用其进行思想政治教育。如果不将这些多样的、分散的教育方法集成为一体,不利于有效地开展思想政治教育、达到教育合力的作用。

第一,现实方法与虚拟方法相结合。所谓现实方法是指脱离手机媒体平台、网络平台的传统教育方法,它是客观存在的现实。虚拟方法是指利用现代的数字化、信息化工具开展思想政治教育的方法。现实方法与虚拟方法是相辅相成的,二者在教育目的、教育内容上是一致的,并且现实方法是虚拟方法的基础,虚拟方法是对现实方法的延伸,二者只是在表现形式和载体运用上不同。例如,专业教师可以利用手机QQ、微信、易信等即时通信软件在课后开辟"第二课堂"教育,通过互动交流了解学生对知识的掌握情况,并根据学生的学习情况做出适当的教学调整,让学生能够尽量掌握好每一个知识。同时,还可以对知识进行整理和归纳,传至

QQ群、微信群，让每个学生根据自己的学习情况，课后自己花时间去学习，这样基于手机平台有效地将课堂教学和课后教学有机结合起来，实现了现实方法与虚拟方法的有效统一。

第二，多样性与综合性相结合。手机多样性的功能为教育方法提供了多样的方法，利用图片、语音、视频等图文并茂、生动形象的教育形式，使教育过程呈动态形式，不仅加深教育对象的印象，而且教育效果更佳。但是，利用多样的方法还不够，由于社会环境复杂多变，人的思想也处在不断变化之中，仅用单一的思想政治教育方法很难解决问题，必须综合运用多种方法。例如，前面所述的利用手机QQ群、微信群、易信群等将信息进行共享，并且这些即时交互软件传播信息的方式多样，不仅支持文字、图片，还可以发送语音与视频，使得教育更加生动形象，表达更为方便直接。专业课教师可以根据自己的需要与学生的需要，选择不同的信息传播方式，不仅方便教师而且也便利了学生，学生不用去教室面对面地请教教师就可以获取到满意的答案。另外，专业课教师和思想政治教育工作者还要对多样性的教育方法进行整合，综合分析各教育方法的异同点与优势，结合教育的需要，选择契合思想政治教育的方法。例如，手机微博的教育功能及其与其他媒体的有效链接就可实现多样性与综合性教育方法的有效统一，该用文字表达的时候就用文字将知识点写出来，便于学生记笔记，到了举例的时候就可使用视频的方式表达，这样使得表达更加直观，学生一看便懂，并且印象更加深刻。

四、实现教育对象的自主与自律

高校思想政治教育对象主要以大学生为主，旨在帮助这一特定的群体树立正确的三观。大学生是特殊的青年群体，在这样一个特定的阶段，其心智与思想还未完全成熟与独立，看待事物的方法与角度还存在一定程度的偏颇，如果没有思想政治教育工作者对其进行正确的引导，帮助其树立正确的三观，很难保证其在进入社会后不出现重大的问题，甚至误入歧途。但是，对于大学生群体，还应充分认识到其作为思想政治教育工作开展的对象，自我教育也非常重要。因此，如何激发和挖掘大学生群体在受教育过程中的自主性与自律性，是基于手机平台的大学生思想政治教育工作有效开展的客观保证。

(一)实现教育对象的自主

实现教育对象的自主,就是使教育对象在思想教育工作过程中自发主动地接受教育的内容与精神,积极配合教育主体工作的开展,而不是被动地接受。并在接受教育的过程中学会自主学习,养成独立分析、探索、实践、质疑、创造等能力来实现学习目标。

在教育活动开展的过程中,通常会认为教育对象是被动地接受与吸收,这在传统的思想政治教育过程中尤为明显,也正是因为这样错误的观念,使得思想政治教育工作的开展通常是单方面的教学传输。然而,思想政治教育工作的本质是帮助大学生提升思想高度与水平,使其在进入社会后遇事有主见、有想法,能够对自己的行为负责,避免误入歧途。基于手机平台的大学生思想政治教育工作,在很大程度上其实就是对青年群体自主性的一种激发式教育,它更多强调的不是让学生被动地接受,而是让学生学会自主探索与发现。因此,基于手机平台的大学生思想政治教育有助于实现教育对象的自主。

每个大学生都是相对独立性的人,学习是自己的事,是自己的行为,是任何人不能代替的,必须通过自己不断学习、反复思考、探索发现,才能真正将知识吃透、弄懂,最终变成自己的知识,刻印在自己的大脑中,以便将来随时拿出来灵活运用。如今,手机 App 对各类应用软件进行了分类,其中包括教育、生活、医疗等各方面的应用软件,大学生可按照自己的兴趣与需求下载自己想要的软件,了解相关知识。例如,手机 App 里有网易课堂、英语学习、文学知识等教育类软件,大学生通过这些学习软件便可自主地获取到各个方面的知识,通过自己的思考、探索形成自己的知识储备,这有利于培养学生形成自主学习的习惯。因此,教育主体要充分利用手机上的各类应用软件来激发大学生的学习欲望和兴趣,培养大学生自主学习的能力。

另外,手机与移动互联网的结合使得手机媒体能更好地促进教育对象的自主。手机的推送、提醒功能让大学生能够主动关注一些新闻资讯、社会舆论,通过自己的思考与认识形成辨别是非的能力。例如,很多应用软件如新闻类的软件,腾讯、搜狐、Zaker等新闻类的阅读软件都具有信息提醒功能,可以将国内外一些重大新闻通过推送、提醒的方式让用户直接浏览,这样大学生可通过自己的兴趣有选择地去浏览相关新闻,使大学生在隐性教育活动中变被动为主动,自发地去关心国内外发生的重大时事,无论是政治、军事,还是经济、娱乐方面的新闻,都能够自主参与到教学活动中来。

(二)实现教育对象的自律

实现教育对象的自律是指在开展基于手机平台的大学生思想政治教育活动的过程中,强化教育对象的自我约束和自我克制能力,使教育对象能够把握住思想政治教育的内涵和本质,不受外在条件和因素的影响与制约,最终达到自我教育、自我管理、自我约束的能力。

教育活动的开展不仅需要主体与教育对象的配合与良性互动,更加需要教育对象的自律自省。思想政治教育活动的开展是一项长期性、复杂性的综合工作,教育主体在实施引导式教育的过程中,除了要激发教育对象的自主性与主观能动性,还要着力培养教育对象的自律性。手机各类应用软件的推送功能在不知不觉中对学生产生警示作用,让学生明白和了解应当学习和掌握什么样的学习内容和观念。

手机的普及与多样性功能给大学生的生活和学习都带来极大的便利,也给大学生带来许多负面的影响,主要体现在以下几个方面:一是大学生过度使用手机娱乐影响学习。这是最为突出的问题,手机的娱乐功能具有很强的吸引性,一些自控力差的学生把手机当成娱乐工具,玩游戏、聊天、听音乐等,沉溺其中,浪费了大量的时间和精力。他们更是不分地点和时间玩手机,有的甚至在课堂上也偷偷玩,严重影响了上课听讲的效果。二是接受不良信息,危害身心健康。大学生正处于生理发育期,好奇心强,面对不健康的信息防范性不强,判断能力也较差,这些不良信息严重影响了大学生思想道德观念的树立、价值观的形成。三是将手机作为考试作弊工具。手机与移动互联网的结合,使得手机增值功能不断增强,成为考试作弊的工具。四是危害大学生健康。不少大学生患上了"手机综合征",一旦手机离身,就会感觉内心空虚,甚至是没有安全感。另外,手机发射的电磁波还可能引发头痛等疾病。以上几个方面问题都是大学生缺乏自律而造成的。

因此,基于手机平台的大学生思想政治教育还应包括实现教育对象的自律。这就需要政府、高校、家庭引导大学生正确使用手机,努力避免手机的消极影响,充分将其功能优势用于教育中,发挥其积极的一面。首先,政府职能部门要规范媒介传播秩序,加强对手机媒体信息的监控,利用法律手段对手机媒介传播活动中的违法犯罪行为进行严厉打击。其次,高校思想政治教育工作者和家长都要监管学生使用手机的情况,引导他们有节制地使用手机。家长在手机资费问题上要提出具体要求,培养学生的节约意识。例如,流量不够用就会使学生克制自己使用手机上网的次数,减少玩手机的时间。学校还应对大学生进行一定的教育,加强学生媒介素养的培养教育,使学生在使用手机媒体时能够汲取健康有益的信息,主动摒弃有害信息和垃圾信息,达到培养学生自律的效果。最后,辅导员还要帮助学生了解过度使用手机所导致的疾病,以引起学生的注意,有节制地使用手机,而不是手机上瘾,让学生养成自律的习惯。

（三）实现教育对象的自主与其自律的统一

实现教育对象的自主与自律的统一是指在手机平台上,充分发挥其积极作用,避免消极影响,综合运用手机各软件功能以培养大学生的自我管理、自我约束、自我教育的能力。

教育对象的自主性与自律性是一个有机结合的整体,在教育活动实施当中,保证教育对象的自主性与自律性的充分发挥,是教育活动实施开展的有力保障和重要推动,能否激发教育对象的自主性是保障教育活动的推进与开展的助推器,而能否提高教育对象的自律性则是保障教学活动顺利实施的客观要求。二者在思想政治教育工作的开展中发挥着不同的作用,不能够简单地将二者区分开来。从片面单一的角度来看待二者的关系是不正确的,人为地割裂二者的关系会导致活动的开展受到诸多阻碍。只有正确认识二者关系,才能更加充分地发挥其作用,使教育对象在教育过程中,在被动接受与主动学习、放纵自我与自律自省之间,找到自身正确的定位,将教育对象的积极作用充分发挥出来,保证教育活动的顺利完成。

因此,要构建相应的机制来实现教育对象的自主与自律的统一,保障基于手机平台的思想政治教育工作的开展。

第一,主导性与主体性相结合。主体性是相对于教育对象来说的,主导性是针对教育者而言的。主导性与主体性相结合就是要教育主体基于手机平台充分尊重学生的主体地位,利用各种应用软件的功能优势,培养学生的自主性和自律性。教师在教育中主要是起到指引、指导的作用。面对多元的文化背景以及西方价值观的冲击,教育主体在教育过程中占主导作用,引导学生树立正确的世界观、人生观、价值观、道德观的同时,也要培养学生学会认识问题、思考问题,从而判断是非观念,趋利避害;另外,要引导学生学会自我修养、自我管理到自我调控,使之成为社会需要的人才,逐步实现自我完善。

第二,明示与暗示相结合。所谓明示,即显性教育,就是传统意义上的教育以及利用手机平台开展思想政治教育。暗示就是指隐性教育,即将各种教育活动融入大学生的日常生活中。基于手机平台的大学生思想政治教育,既是一种显性教育,也是一种隐性教育。显性教育是因为手机是实实在在的物体,利用其开展思想政治教育活动是可见的,具有可操作性的。隐性教育是因为手机作为传媒载体,具备承载思想政治教育内容的条件,通过含蓄、隐蔽的形式将教育内容渗透到大学生的生活和学习中,让大学生在潜移默化中接受教育。

第三,启示与警示相结合。所谓启示是指教育主体针对可能要发生的问题,利用手机QQ、微信、手机短信等软件功能从侧面以间接的方式启发教育对象,提示学生避免错误。警示就是教育主体对可能出现的、危害严重的思想和行为利用手机QQ群、微信群等即时通信软件提出警告,明令禁止,具有强制性。将启示与警示相结合,有利于教育主体培养学生的自主性,通过认识、思考进而做出判断,最终达到自律,积极配合教育主体的工作,形成良性互动。

第三节 基于手机课程平台高校思想政治教育网络系统平台的策略探讨

基于手机平台的大学生思想政治教育模式是一个可操作的范式，可推广的样式。为更好地运用该模式，有必要从宏观上做出进一步思考，实施正确的推进方略。但这一模式的应用与推广是一个很复杂的问题，它涉及用手机开展大学生思想政治教育的观念问题、教育主体的素养问题、手机平台的技术保障问题、相关制度体系建设问题等。

一、树立基于手机平台的高校网络思想政治教育观

思想政治教育工作不仅是学校的事情，更应是全社会的事情，不能只靠学校去做。只有综合各个部门，做到各负其责、相互配合、齐抓共管，才能使思想政治教育工作达到事半功倍的效果。在手机日益成为大学生获取信息的主要平台的大背景下，需要将学校、社会、家长各方力量紧密地联系在一起。因此，树立基于手机平台的大学生思想政治教育观是实现教育社会化、教育现代化发展的必然途径。

（一）基于手机平台的大学生思想政治教育观的内涵

基于手机平台的大学生思想政治教育观，就是要基于手机平台构建全时空、多手段、宽领域的教育模式，在内容上应具备广泛性，在形式上应具有多样性，在过程上应具有开放性，在育人上应具有综合性，实现教育主体、教育资源、教育方法、教育对象等方面的社会化。通过转变教育主体的教学观，树立现代教学观，创新教育方法以适应社会的发展，达到教育主体的社会化；通过以技术为载体，不断开发具有教育功能的手机应用软件以创新教育方法，促进教育手段的社会化；通过各即时交互软件的不同优势特征发挥其教育功能，实现教育资源社会化。

随着现代科学技术的迅速发展，各项工作、各学科领域逐渐趋向综合化。思想政治教育要跟上时代的发展，就亟须重新调整教育思路，改变以往传统的教育观念，过去孤立分割的教育主体已不适应现代社会发展的

需要,需要改变各教育主体分散的状况,以现代技术为依托,实现各方教育力量的协调与综合。并且对大学生的培养不应该只是高校辅导员、专业课老师的责任和义务,更应是政府、社会、学生社团、学生家庭的责任与义务。因此,转变教育观念在现代社会大背景下显得极为重要①。

(二)基于手机平台的大学生思想政治教育观树立的路径

基于手机平台的大学生思想政治教育观培育要取得良好的效果,仅依靠学校各部门的力量是远远不够的,需要得到全社会的配合与相互协作。当今时代的教育需要走出学校、走出课堂。要将基于手机平台的大学生思想政治教育观纳入政府、社会、学校等各方面的管理中,实现各尽其职、齐抓共管,共同构建基于手机平台的大学生思想政治教育观的工作格局。因此,需要通过政府、社会、家庭等各方力量来共同协作。

政府为大学生思想政治教育观的培育提供了宣传与推广的平台,提供了教育文化背景,是大学生思想政治教育的支持和保证力量。基于手机平台的思想政治教育观,政府需要为教育提供良好的环境。第一,加大财政支出,提供必要的经费,为教育活动的开展提供经济条件,更好地推动教育活动不断得到优化。第二,政府要加强法制建设,优化手机平台的大学生思想政治教育环境。通过进一步建立和完善手机媒体行业法律法规,约束信息发布者和接收者的行为,推行手机实名制,加强用户实名制的管理等来创造良好的手机媒体环境。

社会是学校教育的重要补充,每一个人都是社会的细胞,在不知不觉中接受来自社会各方面的教育。优良的社会教育不仅能够帮助大学生形成好的思想品德,还能帮助大学生增长知识、拓展能力,从而不断丰富精神生活、发掘兴趣爱好。随着信息技术的不断发展,手机为社会教育提供了更广阔的平台,利用手机的多样性功能、应用软件,将社会各方面的力量集于手机一体,只要通过手机媒体,就可以参与到大学生思想政治教育工作中来。例如,社会各界专家、学者可以针对社会热点、大学生关注的话题,通过手机微博开展讨论,通过网络课堂、讲座等形式使大学生可随

① 任者春. 基于 Android 的高校思想政治课移动教辅系统设计与实现[D]. 哈尔滨:哈尔滨工业大学,2017:19-23.

时随地进行学习。

家庭教育也是教育重要的组成部分。孩子的性格、习惯、言谈、举止都与家长密切相关。因此,家长更应该转变教育观念,不能把教育的责任一味推给学校和教师,而是应该主动承担一定的教育义务,参与到大学生思想政治教育中来。首先,家长应通过手机与教师保持联系,主动关心孩子在学校各方面的表现,辅导员也应及时将学生的成绩、获奖表现等通过手机短信的方式告知家长,让距离较远的家长也能了解到孩子在校的动态。其次,家长还应通过手机即时交互软件、图片、语音多形态的信息传播方式与孩子保持联系以增进情感,了解孩子的内心想法,以起到辅助辅导的作用。

二、提升基于手机平台的大学生思想政治教育主体的素养

思想政治教育是以教育者为主导的显性与隐性教育的统一、言教与身教的统一、理论与实践教育的统一的综合性教育。教育的效果如何,在很大程度上取决于教育者本身的素质。教育者担负着组织、说服、引导、激励的任务,其应该具有较高的思想政治素质、文化知识素质、良好的心理素质和教育能力的素质,否则像思想政治教育既具复杂性又具创造性的工作是很难做好的。因此,教育主体的素质决定了教育的质量。

(一)基于手机平台的大学生思想政治教育主体的主要素养

在当今信息技术和移动互联网技术飞速发展的时代,具备一支高素质教育队伍对于基于手机平台开展大学生思想政治教育尤为重要。虽然很多教师、专家在学术方面具有很高的成就,但是他们在使用现代技术方面却大不如学生。在飞速发展的计算机和网络科技方面通常感到不知所措,有些年纪较大的教师群体甚至不会发短信、使用手机上网,对于利用手机开展思想政治教育更是困难重重。如何让教育主体具有较高的政治理论水平,熟悉思想政治工作规律且掌握信息技术,并学会利用手机开展思想政治工作,是现今必须解决的现实问题。因此,教育主体必须具备良好的素质以及运用手机软件进行思想政治教育的能力。主要的素质应包括过硬的政治立场与思想观念、高尚的道德素养和渊博的知识;在手机软

件运用能力方面应包括掌握手机软件的应用能力、手机信息搜集处理能力。因此,基于手机平台的大学生思想政治教育主体的基本素养,应包括以下几个方面的内容:第一,必须具备较强的思想政治素质和觉悟。这是我国社会主义性质本身的要求,由于网络的开放性与复杂性,手机移动网络上的信息复杂多样,精华与糟粕并存,大大增加了人们鉴别思想政治是非、鉴别真假的复杂性,使得教育主体面临严峻挑战。在此环境下,教育主体打铁必须自身硬,只有具备坚定的思想政治素质,才能保持清醒的头脑和敏锐的洞察力,从而正确引导学生。第二,教育主体要熟悉手机的特点和具备的功能。教育主体要熟练掌握手机软件的操作能力,懂得使用手机的哪项功能、哪个软件可以与思想政治教育内容联系起来。例如,在与学生开展互动交流的时候可以选择微信和手机QQ,不仅可以用文字表达情感,还可以使用图片、表情符号等形式,使得交谈更具幽默感,更加生动形象,易被大学生接受与喜爱。并且,微信与手机QQ具有即时性,能及时与学生进行沟通,将矛盾及早化解。在进行远程教育的时候可以将录制好的视频上传至微博、QQ空间供学生学习,使学生学习不受时间和地点的约束,随时随地可以进行学习。第三,教育主体必须了解一定的网络技术和手机上网技术。作为在网络环境下的教育主体,要必备足够的网络技术和手机上网技术的能力,才能具备一定的手机上网沟通能力,进而在手机平台上建立思想政治教育阵地。只有成为大学生的知心朋友,受到学生的信任,与学生建立情感,才有利于教育工作的有效开展。因此,在这方面,教育主体要从以下几个方面提高自身的技术能力:一是要主动学习,私下里可以多请教自己的学生。学生在这方面可以说是教育主体的老师,他们对于新知识的接受能力比教育主体强。二是要通过培训班的学习,掌握系统的网络知识,从而提升自己使用手机开展教育的能力。三是教育主体要学会根据具体情况采取相应的方法。由于手机功能强大,综合了各应用软件,信息种类自然多样,这就要求教育主体要能对信息进行采集和区分,能从大量的信息中选择与思想政治教育内容有关的信息进行利用。

（二）提升基于手机平台的大学生思想政治教育主体素养的基本路径

培育基于手机平台的大学生思想政治教育主体的素养，就是要提高高校的思想政治教育师资队伍、学生社团负责人、社会各阶层人士、学者以及学生家长的专业素养，能够灵活运用手机应用软件来开展思想政治教育工作，从而形成一批政治素质过硬、道德品行良好、知识储备丰富、身心状态健康的基于手机平台的专业教育群体。

提升基于手机平台的大学生思想政治教育主体素养，要做到专业化、素质高的原则，可以从以下几个方面着手：第一，加强学习，提高运用手机开展思想政治教育的素质。学习是提高教育主体自身思想政治素质和业务能力的重要方式，努力拓展教育主体专业知识以外的科学理论知识，使各项事业不断向前推进。科学理论的学习要包括对教育学、教育心理学和传播学的学习，通过掌握科学的理论知识对具体问题做出具体分析，做到理论联系实际，理论为实际服务。第二，通过开办技术培训班对教育主体进行分批培训，从根本上普及手机上网技术的基本知识。作为现代人，对计算机的操作如同基本的算术和写字一般。然而很多教师群体对于手机各软件的综合应用能力却很欠缺，尤其是高校一些年纪较大的教师群体。由于繁忙的工作和家庭压力，他们不愿意花精力去琢磨手机的各项附加功能，只会拨打电话和发送信息，有的教师甚至连短信都不会发，对于微信、微博等软件的应用能力更是不强。因此，应亟须加强教育主体的使用手机的能力，通过培训使其掌握一定的手机软件应用能力。第三，通过开展手机上网技术知识大赛，设置一定的奖励来激发教育主体的学习热情。通过反复训练的方式，更能加深教育主体对一些基本软件操作的印象，让教育主体更快熟记一些基本的手机上网技术知识，从而逐渐渗透到教育主体的头脑中，真正能够独立掌握手机软件使用的能力。这样才能让教育主体将手机与思想政治教育工作相结合，充分发挥手机的强大功能优势对教育的影响作用。

三、提供基于手机平台的大学生思想政治教育的技术保障

将手机运用于大学生思想政治教育的过程中，部分教育者缺乏运用

手机载体信息技能，导致教育主体欠缺运用手机载体传递思想信息的主动性，从而也就导致将手机运用于大学生思想政治教育的效率不高。因此，提供基于手机平台的大学生思想政治教育技术保障十分必要。

（一）基于手机平台的大学生思想政治教育技术保障的内涵

基于手机平台的大学生思想政治教育技术保障，是指运用手机载体对大学生传递、接受和反馈思想信息的同时，要确保手机技术的支持与保障，不断开发出可供大学生学习思想政治教育内容的软件，最终应用于教学。高校思想政治教育工作者掌握手机信息传递技术，是基于手机平台开展大学生思想政治教育工作有效开展的基本前提。如前文所述，很多高校现有的思想政治教育工作者，特别是年龄偏大的教师群体运用手机技术不够熟练，甚至有些并不会使用手机上的各类应用软件，比如微信、微博、易信等即时交互软件，就无法发挥出手机载体在大学生思想政治教育方面的作用。因此，基于手机平台开展大学生思想政治教育，首先就要提高教育主体运用手机多功能信息传递技术的能力。同时，高校更要重视对手机的技术支持，提供必要的经费让信息技术方面的教师多多开发出有益开展教育的学习软件，为将手机运用于大学生思想政治教育提供强有力的技术支持，使工作得以有效地进行。

信息方面的专业教师、社会专家要多研究手机微博、微信、QQ的特点，才能在原有功能上不断开发出新的教育功能，才能在原有手机软件的基础上开发出新的软件。如，手机微博可以发起讨论，可以与学生在微博话题上讨论社会上出现的各类不良现象，进而对大学生进行正确的引导；微信可发起实时交流，并且交流的形式多样，可发图片、表情符号等，使得交流生动幽默，受到学生的喜爱；通过微信朋友圈图文并茂的信息了解大学生的最新动态、生活交友方式，引领大学生发挥主观能动性，分析社会问题发生、发展的规律，学会鉴别信息的真伪，使得思想政治教育理论通过实践内化为自主行为，使大学生的自身素养得到提高，在无形之中也大大提高了工作的时效性。信息方面的专业教师、社会专家同时也要在研究的基础上多多了解学生现阶段的心理特征，结合大学生的兴趣爱好开发受他们喜爱的手机应用软件，并逐渐应用于教学，进而更好地有利于大学生思想政治教育工作的开展。

(二)基于手机平台的大学生思想政治教育技术保障的形成机制

基于手机平台的大学生思想政治教育技术保障的机制,主要是让运用手机展开思想政治教育活动有效运行,能够得到技术上的支持与保障,从而形成一个不断运动、变化、发展的过程。有着自身内在要素发展逻辑,同时也受到外在机制的束缚。教育技术保障机制的构建,能够提高思想政治教育的整体性和科学性。强有力的技术保障对利用手机的思想政治教育功能尤为关键,通过配备先进的硬件条件和其他必要的服务设施,使得思想政治教育在手机平台开展更具现实意义。因此,要及时更新硬件设备,开发新的手机软件,以不断运用于思想政治教育当中。

要在手机平台上发挥育人效果,就需要不断更新各种手机应用软件,充分掌握和创新手机软件开发技术,为大学生思想政治教育工作的开展提供技术保障。构建基于手机平台的大学生思想政治教育技术保障机制,应包括创新机制、保障机制和评估机制。创新机制是指开发与大学生思想政治教育内容相关的手机应用软件。手机在当下已经逐渐成为社会经济发展、思想文化碰撞、信息传播的新载体,对大学生的影响极其深刻。因此,成立专门的手机应用软件开发团队显得尤其必要。通过与信息技术专业的教师团队合作,共同开发出与大学生思想政治教育相关的手机软件。例如么么哒这样的答题益智社交应用软件,使得大学生能够学习、交友两不误;抑或是在原有的手机应用软件的基础上开发出新的产品,正如微信这样的社交软件,微信碎片化信息形式有利于教育主体能够及时捕捉、分析和判断可能会出现的问题,增强教育的预见性。手机已是大学生公认的生活必需品,那么微信更是智能手机提供即时通信服务的一款社交性应用软件,其多元化发展对大学生日常生活的影响日益广泛,其最新的版本增加了多项生活服务功能,使得应用功能越来越强大、越来越人性化。微信的服务功能包括手机话费充值、银行卡服务、滴滴打车、旅游服务、外卖服务等,这些功能都与学生的生活息息相关,大大方便了大学生的日常生活,手机逐渐成为大学生生活的一部分。因此,思想政治教育工作者更应该抓住微信给思想政治教育工作带来的新契机,充分发挥好微信的最大优势,在微信已有的功能基础上,不断推陈出新,开发出大学生思想政治教育的微信产品。例如开发以社会主义核心价值体系为主题的微信产品等。同时,应多多结合大学生的心理特点开发思想教育产品、道德教育产品、政治教育产品,弘扬正确的世界观、人生观、价值观,充分尊重大学生的主体地位,并以大学生的全面发展教育为根本目的。在微信的平台上还要多多开展主题讨论,社会热点新闻、时事政治、通知、就业信息等,都可以通过微信群发布出去。另一方面,通过微信群进行互动交流,能够及时掌握大学生的最新动态,及时帮助大学生解决问题。对于大学生来说,要鼓励他们通过参加校园举办的手机文化节、手机报制作、手机短信创作大赛等活动培育大学生的创新精神,做到娱乐、学习两不误。

保障机制主要是指在手机平台下的大学生思想政治教育不仅需要技术保障,还需要提供资金保障。基于手机平台的大学生思想政治教育需要大量的资金投入,这就决定了高校及辅导员在利用手机开展思想政治教育工作上必须投入大量的时间、精力和财力。另外,开发软件也需要大量的资金投入,否则运用手机开展大学生思想政治教育工作只能说是纸上谈兵。因此,要有效地使用手机展开思想政治教育工作,就必须给予思想政治教育工作者,特别是辅导员补助。首先要积极探索和努力形成以国家投入为主导的多元投入机制,建立专项拨款制度,根据合理比例编入专项预算。其次,基于手机平台的大学生思想政治教育工作,应形成制度化补贴,政府要对思想政治教育主体中不同职位,按照岗位要求和职责建立岗位补贴,从而让教育主体能够用心利用手机开展思想政治教育工作。再次,还应建立奖励经费,对于那些运用手机有效地开展思想政治教育工作的教师群体、学生干部群体给予奖励性补贴,能够大大调动工作者的积极性,避免了使用手机展开教育工作给教师、学生干部带来的经济压力,从物质上保证了教育工作的有效开展。评估机制是指将手机融入大学生思想政治教育软件开发技术的评估中,主要是对教育主体在技术上运用的评估。一是对手机软件开发的教师团队的能力评估,这里的能力包括对信息技术知识的学习能力与创新能力。要求技术人员能够充分发挥自己的主观能动性,结合思想政治教育实际与学生实际需求,开发能够应用于思想政治教育工作的优秀的手机应用软件。二是对手机软件开发的教师团队的社会关系评估,有助于更好地帮助思想政治教育工作者开发出有利于教育的软件。这样才能使基于手机平台的大学生思想政治教育具有实际操作意义。

四、建立基于手机平台的大学生思想政治教育的制度体系

建立制度体系是手机载体下的思想政治教育工作运行规范化、高效率的保障。制度不健全必然导致基于手机平台的大学生思想政治教育工作过程中出现诸多问题。为了保证手机平台的思想政治教育工作能够发挥作用,必须建立一套完善的运行制度体系。

(一)基于手机平台的大学生思想政治教育制度体系的内涵

制度就是一种特定社会活动规范与调整主体间关系的规则体系,它是思想政治教育内在规律的反映和要求,保证了思想政治教育能够有条不紊地运行。因此,使用手机开展教育工作的好坏,很大程度上取决于制度是否健全,只有健全的制度才能让工作真正得到落实。

基于手机平台的大学生思想政治教育制度体系,从内容上看,不仅要将固有的思想政治教育内容与方法,在将最终的教育目标内化到手机平台的具体实施操作中,更要基于该平台的自身特点和使用人群的特点进行更为深入的开发;在形式上,手机平台的出现及应用是对传统思想政治教育工作的开展产生了巨大的推动作用,而不应该成为一种形式上的工具,应当充分发挥手机的优势功能,将其功能的积极意义得以延伸与发展,不断推进大学生群体的思想政治教育工作,促进教育目标进一步深化。促进教育科学发展是推进思想政治教育工作进一步发展的催化剂,结合新型的教育技术与方法,不能仅单纯地以采用新技术与方法为主要目标,而是要看到手机平台等高新技术的出现与发展给思想政治教育工作带来的重大意义,能够将其功能内化至教育制度体系中,而非单纯地就其功能来制定和规划思想政治教育工作的前进目标和方向。

对于制度体系的建设,如果没有把握其深刻内涵,就无法制定明确的

方向和具有现实指导意义的目标。基于手机平台建立一套完善的基本教育制度，是一个全面而又系统的工程，把握内涵、认清本质是工作开展的前提和决定因素，充分认识到这一关键信息才能保证制度体系的健全和完善。当前我国大学生思想政治教育制度体系尚处于一个亟须完善与发展的阶段，摆脱固有思维、结合现代特点，才能将基于手机平台的大学生思想政治教育工作真正落实。制度本身具有一定的滞后性，简单地通过量化的方式进行制度本身的删减与增加是与实践教学相脱离的，单纯地引入高科技教育手段也仅仅只是停留在技术层面，而没能深入挖掘手机平台自身的诸多优势，只有全面认识这一制度体系，才能赋予大学生思想政治教育工作新的时代内涵和使命。

（二）基于手机平台的大学生思想政治教育的基本制度

面对不断出现的各种挑战，传统模式的教育方法和工作制度，已无法适应现代大学生思想政治教育工作的需要和精神要求。如何依托以手机为载体的移动终端平台，来实现和完成现代大学生思想政治教育工作的目标和最终价值，对于制度的完善和体系的构建提出了更为严格的要求。

制度体系的构建与完善，在很大程度上是思想政治工作能否有序推进的决定性因素，针对手机这一移动终端平台的特点和优势，充分发挥出信息时代数据信息快速传输的多样性特点，结合思想政治教育工作自身的独特性，建立以大学生为教育中心的新型思想政治教育工作的基本制度体系。这套制度的建立与完善，必须依托以手机为载体的信息化、立体化教学模式进行，充分发挥和挖掘手机进行学习和教育的优势。但是，大学生思想政治教育工作要在实质性上取得突破，还是应以教育主体和教育对象为核心，手机这一教学手段只是作为辅助手段，不能反客为主，过分突出其重要地位是本末倒置的。针对现在条件下的教学环境，科学、完善、客观、理性的基本制度体系，应当充分发挥各教学主体的主观能动性，最大限度地激发教育对象的学习积极性、主动性，最终实现基于手机平台的大学生思想政治教育工作。

一套完整的制度体系的建立，其各组成部分之间有其内在逻辑联系性,各组成部分是相辅相成、缺一不可的,在建立与完善基于手机平台的大学生思想政治教育基本制度方面也是一样的。从制度体系的构建角度来说,可以从以下四个方面推进。

1. 建立领导决策制度

领导决策制度是要把基于手机平台的大学生思想政治教育领导制度纳入高校的教学管理之中,以高校党委宣传部为主体领导决策力量,以校学生会、学生社团、各学院辅导员、教师群体为辅助的一项方向决策工作制度,从而形成目标明确、齐抓共管、关系协调、职责共担的相互联系、相互协助、相互监管的工作格局,共同承担运用手机开展大学生思想政治教育的工作。

高校党委宣传部是党委主管思想政治工作的职能部门,是意识形态领域的主管部门,其传统职责主要包括理论学习和形势政策教育、意识形态和宣传舆论阵地的管理、精神文明建设、对外宣传报道四大方面,负责把信息"送出去",在大学生思想政治教育工作中起着重要的领导决策作用,为高校大学生树立正确的舆论导向起着重要的引导作用。根据大学生思想政治教育工作的要求,高校宣传部首先要做好宣传教育工作,向各学院教师、辅导员、学生会、学生社团等宣传手机的强大优势给大学生思想政治教育工作带来的契机,让其了解到手机媒体的特点与其强大的功能具备开展教育的条件,通过收集分析与思想政治教育相关的手机软件,对于时政热点、重大社会事件和具有教育意义的新闻资料进行搜集并组织各种以手机为平台的思想政治教育活动,促使基于手机平台的大学生思想政治教育工作形成一定的规模,从而打造高校思想政治教育手机载体环境。校团委、学生会是党委管理学生工作的职能部门,在基于手机平台开展具体的思想政治教育工作上具有一定的组织策划能力,可以通过使用手机短信、微信、QQ等即时交互软件,手机微博、贴吧这样的虚拟社区搜集大学生感兴趣的话题,了解大学生的思想动态,有引导地与学生进行互动交流。对学生有疑问的话题应当给予及时的回复,对于有问题的个体或者群体要主动了解情况,并对其思想进行积极引导,使得思想政治教育工作更具针对性、时效性。同时,在掌握大学生实际思想动态的情况下，整理和完善思想政治教育工作的基础信息数据库，为宣传部门把握和制定思想政治教育工作的方向和具体指导方针提供第一手信息，通过对该项数据的分析和研究，准确把握教育客体的思想动态，使宣传部门的决策准确而又高效。高校宣传部门通过一系列的教育指导方针确立具体的工作目标和前进方向，在固有思想教育工作的基础上，形成有效的领导体系和制度，根据不同学校的自身情况，构建具有校园特色和教学特点的领导制度体系，充分发挥宣传部门的方向把握功能，时时引导和规范大学生思想政治教育工作的方向和性质。在领导形式和具体的管理方式上不仅要做到理论与实践相结合，在具体的教学活动中更加要做到理论与实践辩证统一、有机结合，只有保证宣传部门在思想政治教育工作领域的领导决策地位，使领导与决策能够有效地形成合力，在核心问题上保证工作的开展与实施，才能保证思想政治教育工作的性质。

2.建立监管制度

由于网络的开放性和虚拟性，以美国为首的西方发达国家，抢先占领思想文化阵地，利用网络带来的优势，大肆兜售西方的意识形态和价值观念，大力传播各种非马克思主义、反马克思主义的政治文化，以影响包括中国在内的其他国家和地区的人民，使他们在不自觉中认同、接受西方价值观，动摇他们的信仰追求和行为准则，造成精神困惑和价值标准混乱。国内某些不法分子则通过网络宣传不良信息，手机又恰恰成为其继互联网之后传输信息的另一条途径。因此，基于手机平台的大学生思想政治教育制度体系就必须建立相应的监管制度。建立监管制度，首先要制定相应的内容和标准，将监管内容分为法律、纪律和道德三个方面的内容。如今的手机已成为集交流、娱乐、商务、多媒体等多种功能于一体的主流信息沟通渠道，是网络媒体的延伸与组成要素，其强大的功能和多样的应用软件成为不法分子利用的工具，必然导致诸多问题的出现。例如，伴随着手机信息传播的舆论化发展，出现了一些捕风捉影的谣言迅速扩散、垃圾信息无孔不入、低俗信息大行其道等问题。基于这些问题的出现，需要建立相应的监管制度，政府要针对手机违法犯罪进行专门的立法，修改相关的法律法规并加以完善。运营商要设法阻止和减少垃圾短信发送，保护私人用户信息,对暴露用户电话信息的资料运营商通过法律责任加以约束等。其次,加强技术方面的监管,通过加强手机拒收垃圾短信的技术、对信息内容进行分级与过滤的技术、追踪信息来源进行屏蔽的技术等,来抑制不良信息在大学生中的传播。这些技术防范与监管,有利于对手机信息传播的内容进行有效的选择与过滤,对信息的接收可以变被动为主动。另外,高校教师群体对学生要进行积极的引导,避免不良信息在学生群体中传播,以净化高校信息环境。

3.建立创新制度

创新就是要在已有的知识和物质基础上,根据实际结合社会的需求,在方法、元素、路径与环境等方面不断改进技术,最终获得一定有益效果的行为,推动民族进步和社会发展。基于手机平台开展大学生思想政治教育工作是一个动态的过程,是一个不断探索、不断创新的过程,是随着手机软件的不断开发和网络技术的完善不断发展的过程。在手机媒体时代,思想政治教育更需要创新,否则必然会影响到教育效果。建立相应的创新制度,首先要建立专门的研究机构,通过与电子计算机信息技术专业的师生合作,共同研发新的手机软件用于教学,这将大大推动大学生思想政治教育工作的开展。其次,建立一支创新手机软件的团队。对于学生来说,要鼓励其不断发明创造,通过开展手机软件设计、手机报制作、手机短信创作大赛、开展红色微博大赛等活动,丰富大学生的课外活动,让大学生在快乐中学习,提高自己的创新能力。基于手机平台开展大学生思想政治教育工作具有理论性、技术性和探索性集于一体的特点,只有在理论上、技术上不断创新与突破,才能确保思想政治教育工作在手机平台下顺利进行。

4.还需建立科学的评估制度体系,教育的效果最终需要通过评估结果体现出来

建立科学的评估制度体系,有助于充分发挥手机的思想政治教育功能,促进大学生思想政治教育在手机平台下得到有效开展,是为了体现其对传统思想政治教育的继承与发展的新型教育模式。其实效性究竟如何,需要通过对评估结果的分析与研究,不断总结经验,以便于更好地开

发手机软件来开展大学生思想政治教育工作。而有效的教育效果应当是过程的有效性和结果的有效性的有机统一,这就需要对手机技术的规律、思想政治教育规律、大学生身心发展的一般规律进行不断探索。手机的特点与其强大功能,使得思想政治教育工作者必须具备较高的技术水平,才能促使基于手机平台的大学生思想政治教育工作落到实处。那么,要实现这一目标,就需要建立一个客观正确的评价标准。一套完整的评估制度体系应包括科学的评估主体,即需要有专家团组成,这些专家应包括思想政治教育方面的专家和手机软件开发方面的专家。思想政治教育专家要在内容与活动上进行调查与分析,而手机软件开发方面的专家应对新开发的手机软件是否具有实际教育意义进行评估。其次,还应包括正确的评估方法,体现全面、科学、民主、公开的原则。最后,还应对教育的效果进行系统、全面的评估,即评估是否达到了师生互动、是否对大学生三观进行了正确的引导、是否突破了传统交流的局限性、是否达到了综合教育的效果。

第六章　基于易班的高校思想政治教育网络平台构建

第一节　基于易班的高校网络思想政治教育意义剖析

一、易班

（一）易班的发展简介

"易班到底是什么?"这是研究基于易班的高校网络思想政治教育首先要弄清楚的问题。易班网给出了最权威的解释:"易班是提供教育教学、生活服务、文化娱乐的综合性互动社区,网站融合了论坛、社交、博客、微博等主流的Web2.0应用,加入了为在校师生定制的教育信息化一站式服务功能,并支持WEB、手机客户端等多种访问形式。"在综合国内外学者相关研究的基础上,本文认为易班平台的定义可以从以下三个方面总结概括;从其本质上来说,易班就是进行信息传递的大众传播载体;从其性质上来说,易班平台是由政府主导的,主要用户为高校师生的综合性互动网站,与社会商业网站有着很大的区别;从其定位来看,易班平台是集教育教学、生活服务、文化娱乐功能于一身的高校网络思想政治教育的新平台。

易班的起源发展分为三个阶段:第一是萌芽发展阶段。2007年,上海市教卫工作党委委托上海交通大学在其主办的中国大学生在线网站上开设了一个名为"E-class"的栏目。该栏目的功能是留言板,这是易班的前身,处于web1.0阶段。2009年,易班进行了全新改造,升级到web2.0阶段,在这一阶段易班功能得到了扩展,除了有留言功能以外,还增加了班级管理以及社交等功能,并正式命名为"易班"。此后易班开始在上海多所大学开始进行试点运行。第二是全国试点阶段,2012年易班走出上海,开启了走向全国的征程。2014年11月,国家互联网信息办公室、教育部联合在上海召开了易班建设经验推广暨创新网络思想政治教育工作会议,由此宣布易班全国推广计划正式启动。第三是全国共建阶段,2014年底,教育部成立了易班发展中心,到2017年年底,易班建设囊括所有部属高校和约20个省、自治区、直辖市的高校,成为全国各地高等院校的网络互动社区中的领头羊,扩大了易班在高校网络政治思想教育领域的影响力。截至目前,易班已经基本建成全国最具影响力的大学生网络互动社区。

易班经历了从诞生初探到成长、成熟和完成转型的10余年。在这10余年间,易班的功能趋于完善,发挥着自身独特的育人作用,不仅为师生搭建了集教育教学、生活服务、文化娱乐功能为一身的服务平台,也为高校网络思想政治教育开辟了一个更为广阔的育人阵地。不可否认,易班的建设发展适应时代发展的要求,是高校探索网络思想政治教育创新实践的一次有益尝试。

(二)易班的主要功能

易班作为综合性网络平台的主要功能有三点:一是教育教学功能、二是管理服务功能、三是文化娱乐功能。这些功能的发挥依托于易班主页面常设的机构号、轻应用快搭、易班优课、资料库、微社区、易瞄瞄等模块。

一是教育教学功能。易班上的优课平台开设有"易班学院""易班大学"等学习板块,能够为师生提供多门课程的学习资料,除了可以获得校内学习资源,一些其他学校的优质学习资源,只要其他学校上传共享到易班平台上的,都可以自由下载。与此同时,教师还可以借助易班直接分享课件给学生或者在线直接教学,让学生在线考试,辅助教师的课堂教学。另外,易班还可以开展新生教育、军训理论教育以及安全教育等教学活动。易班的教育教学功能能够加强师生之间的互动交流,激发了学生学习自主性,提高了教学效果,为高校网络思想政治教育的发展提供了新的路径。

二是管理服务功能。在生活服务方面,易班的轻应用快搭模块,能够有效帮助学校打造一站式学生服务中心,将学校后勤系统、教务系统、图书馆系统等服务平台在易班上搭建起来,实现学生办理饭卡充值、学费缴纳等业务,更好地满足学生生活和学习上的需求,为学生提供更优质的服务,以此不断提高思想政治教育隐性育人功效的发挥。在事务管理方面,易班的机构号专门开设有学校、学院与班级结构界面,依托于该界面中的各项功能,学生事务管理教师和辅导员能直接利用易班对学生进行管理。方便教师更高效地开展日常管理工作,促进与学生平等互动交流。同时,在班级功能下,学生自己也可以实现自我管理,安排学习时间,制订自己的学习计划,有利于激发学生学习的主动性①。

三是文化娱乐功能。校园文化氛围是实现思想政治教育育人功能的重要部分,优秀的校园文化能起到凝聚学生、引领学生的作用。易班主界面拥有的"校园热门活动""精彩博文""热门话题""时政热点"等社交板块,让学生能够参与到校园精彩纷呈的活动,紧跟社会热点,便捷地了解校园资讯、参与热点讨论,同时学生也可以通过"易瞄瞄""微社区"模块发布心情,寻找校内校外志同道合的朋友,让学生能够乐在易班、学在易班。可以说易班的文化娱乐功能为学生展现自我、增长见识、活跃思维、开拓视野提供了新平台新空间,有利于丰富校园文化,营造良好的校园文化氛围,在为大学生提供文娱服务的同时,以润物细无声的方式影响并引导大学生思想政治观念。

二、基于易班的高校网络思想政治教育

(一)基于易班的高校网络思想政治教育本质内涵

从上文对易班的简介中我们可以看出,易班不仅是为高校师生提供教育教学、生活服务、文化娱乐等综合性服务功能的公益性网站,同样也是网络化时代背景下高校开展思想政治教育工作的新工具和新载体,用以凝聚人心、把握正确导向。因此这样的双重属性让探讨易班的本质内涵变得十分有意义。不可否认的是,易班从其工具性质上来说就是进行

---

①杨伯成.高校网络思政教育平台的构建及其应用研究[M].北京:中国纺织出版社,2019:36-42.

思想政治教育信息传递的网络载体，承载着传播思想政治教育内容的工具属性。这种工具性载体有着互联网工具的共性特征，如信息传播的影响力范围大、信息传播的速度快、在传播过程中不断进行信息聚合与再生等特征。从这个角度可以分析出基于易班的高校网络思想政治教育，就是在网络化背景之下以易班为信息传播载体，充分发挥其优势对大学生进行思想政治方面塑造与培养的实践工程。易班的存在意义不仅仅体现在其工具或者载体属性上，更体现在其拓展高校网络思想政治教育的新思路和新方式上，能够为未来思想政治教育的发展指明方向和道路。从这个角度来看，基于易班的高校网络思想政治教育要在信息传递层面坚持教育的本质，遵循教育的规律，不断创新教育形式，发挥易班独特优势，实现其作为高校网络思想政治教育新平台的作用发挥，为高校网络思想政治教育的实效性提供助力。

（二）基于易班的高校网络思想政治教育构成要素

所谓要素，是指构成客观事物必不可少的因素，是事物存在和发展的基础与载体，是事物发展变化的动因。高校网络思想政治教育是一项系统工程，要对基于易班的高校网络思想政治教育进行系统研究，首先应做好要素分析。本文从网络思想政治教育要素中总结出构成易班高校网络思想政治教育的基本要素，具体如下：

一是主体要素。主要指思想政治教育的发动者和实施者。不同于传统思想政治教育的教育者，基于易班的高校网络思想政治教育的主体范围更广，包括高校利用易班开展思想政治教育的全体队伍。从高校的层面可以细化分为两类：一类是高校思想政治教育者。包括思想政治理论课专职教师，辅导员等。一类是学生骨干成员、学生团体或个人。他们组建校或院的易班学生工作站，参与到易班的建设管理，在一定程度上承担起部分高校网络舆论引导工作，在特定的条件下成为一部分学生的教育者。

二是客体要素。主要指思想政治教育的接收者。也就是网络思想政治教育的教育对象，易班网络思想政治教育的对象主要是高校大学生，目前"00后"一代作为新的有生力量迈入高校学习生活，他们构成了易班平台的主力用户，探讨基于易班的高校网络思想政治教育，就要从整体性上把握大学生群体的特征,以需求为导向,引导学生用户群体的主动参与,才能更有效地提升高校网络思想政治教育的实效性。

三是内容要素。教育内容会直接影响到高校网络思想政治教育的实际效果,网络思想政治教育的目标与任务,使教育内容具有明显的方向性和指向性。整体来看,网络思想政治教育的内容,不仅影响着教育手段的选择、教育任务的实现以及教育目标的达成,还影响着教育对象对教育内容的认知程度和认可程度。因此从易班网络思想政治教育的角度,就需要不断整合教育资源,丰富内容体系,采取合适的方法手段,围绕实现教育的目标和任务进行内容的传播。

四是载体要素。把易班作为高校网络思想政治教育的新载体,不仅是一个承载数字信息的技术平台,更是一个承载虚拟空间的新型社会环境。因此,可以从硬件与软件两个方面来总结基于易班的高校网络思想政治教育的载体要素。一方面,硬件部分是指将其作为一个信息技术平台来看,即技术层面的内容。另一方面,软件部分主要是将其放在高校网络思想政治教育的大环境里来看,主要指易班的发展建设定位、指导思想、工作思路等等。高校利用易班开展思想政治教育,必须要有一定的软件与硬件作为依托、支撑、推动和保障。

(三)基于易班的高校网络思想政治教育价值目标

易班作为新时代进行高校网络思想政治教育的有效载体,想要提高易班网络育人功效,就要明确高校利用易班开展网络思想政治教育工作所追求的价值目标。在对价值目标进行探讨的过程中,要把握好易班与高校网络思想政治教育的有效连接,可以从宏观与微观两个层面来理解二者之间的内在联系。

从宏观的角度来看,易班本质上是高校开展网络思想政治教育的辅助工具,其目的是推动高校网络思想政治教育取得更好的成效,促进大学生的全面发展。高校立身之本在于立德树人,思想政治教育责任重大。高校网络思想政治教育的目标是提高学生综合素质,加强学生品德修养,实现立德树人的根本任务,两者的目标具有一致性。因此,易班建设与高校网络思想政治教育要始终保持合作联动的关系。从微观的角度来看,易班是专门为高校师生打造的，为其提供教育教学、生活、文化娱乐等多功能服务的平台，那么它的发展必然依附在高校开展网络思想政治教育这个大环境背景下，需要遵循网络思想政治教育价值的实现规律，即主体间互动交流规律以及虚实和谐发展规律。通俗来说，网络思想政治教育价值的实现，一是通过教育者和教育对象之间的互动交流，教育者利用网络虚拟性的特点，打破空间与时间的限制，与受教育者进行思想交流，从而达到网络思想政治教育的目的。二是需将虚拟与现实相结合，既要注重解决思想问题也要注重解决实际问题，让网上教育与线下教育结合起来，找到二者之间的平衡状态，在此状态下开展网络思想政治教育活动才能更加有效。

综上所述，基于易班的高校网络思想政治教育价值目标，就是用习近平新时代中国特色社会主义思想铸魂育人，贯彻党的教育方针，落实立德树人的根本任务，利用好易班的各项功能对学生进行服务吸引、活动吸引以及课程吸引，最大化地占据学生在校学习和生活的时间，构筑起师生平等互动交流、网上线下联动和谐发展的网络思想政治教育空间，通过专题课程教学、主题教育活动以及校园文化育人等方式去影响学生、培育学生、塑造学生，促进大学生形成正确的思想观念、道德规范、政治观点，成为适应现代和谐社会的需要、能够担当民族复兴大任的时代新人。

三、基于易班的高校网络思想政治教育的可行性

（一）阵地基石：易班在全国范围内的推广与建设发展

习近平总书记在全国高校思想政治工作会议上指出，做好高校学生思想政治工作"要运用新媒体、新技术使工作活起来，推动思想政治工作传统优势同信息技术高度融合，增强时代感和吸引力"。易班网作为教育部开展大学生网络思想政治教育工作的"三驾马车"之一，推广共建工作正在全国各高校如火如荼地开展。时至今日，易班从诞生初探到成长成熟和完成转型，功能也趋于完善，为高校网络思想政治教育工作提供有效的基本平台支撑和环境。从易班官方网站统计数据可知，截至2021年5月1日，易班已经全面覆盖了31个省、自治区、直辖市和新疆生产建设兵

团,拥有1258所共建高校521068个班级2488万实名注册用户,逐渐形成了以学生需求为导向的新型网络思想政治教育平台。不难看出,易班已经走出上海、走向全国,循着"实现教育的梦想"目标,持续不断地扩大影响。易班在全国范围的共建与发展为基于易班的高校网络思想政治教育的实践发展奠定了基石,为高校开展网络思想政治教育提供了新阵地,有助于网络背景下对青年大学生开展思想引领工作。

(二)有效参考:高校易班网络育人工作前期实践探索

目前,基于易班的高校网络思想政治教育在实践探索方面拥有一批有影响的成果。西华大学张力教授主编的《网络思想政治教育行与思——以西华大学易班建设为例》一书中对易班网络思想教育的整个体系进行了归纳整理,在高校网络思想教育的现今发展状况、易班平台的搭建情况和管理制度,以及教师利用易班进行大学生思想政治教育的几种方式上进行了全方位的归纳总结。在此基础上,他还以西华大学为例,讲述了易班开展高校网络思想政治教育工作的具体实例,并对经验教训进行了总结。同样还有2020年由陕西科技大学的陶兴旺与李萌老师出版的《易班实操与建设指南》,书中对易班平台各项功能进行了详细的介绍,从教育一线的教师视角进行有效总结,聚集了多个省份优秀易班共建高校典型案例,形成了较为系统的、有实践示范参考价值的著作读本。这些资源在一定程度上为高校利用易班开展网络思想政治教育提供了极其重要的实践参考价值。同样在理论探索中,全国高等学校也在不断探索网络思想政治教育发展的新方向,研究怎样利用易班能更好地发挥其作为网络思想政治教育载体的作用,在这些方面都进行了深入挖掘和探索。有关易班高校网络思想政治教育前期的理论与实践探索,在一定程度上为易班平台下的高校网络思想政治教育提供了参考与支撑。

(三)重要保证:国家对易班发展建设工作的政策支持

网络为高校思想政治教育带来的机遇与挑战并存,为了有效地帮助高校顺利完成立德树人这一根本任务,国家政策走向和有关文件精神都有易班建设相关的工作指示和安排,为基于易班的高校网络思想政治教育提供了重要的政策支持与保障。2013年,教育部、国信办联合下发了《关于进一步加强高等学校网络建设和管理工作的意见》,文件中明确指出要切实推进高校主题教育网站以及大学生网络互动社区的建设和发展,并发布《"易班"推广行动计划和中国大学生在线引领工程实施方案》(2014—2017年),为部署实施易班推广计划提出了具体工作要求,其中明确要求要将易班建设成集思想教育、教务教学、生活服务、文化娱乐为一体的大学生网络互动示范社区。2017年,教育部党组发布《关于印发〈高校思想政治工作质量提升工作实施纲要〉的通知》中主要内容板块明确指出要构建起"十大"育人体系,把思想政治教育工作融入文化、网络、服务、管理、实践、课程等多个人才培养的环节,充分发挥网络、文化、课程等方面的育人功能,在加强网络育人方面,主要提出高校需积极构建网络化育人格局,不断拓展网络平台,大力推进网络教育,建立完善高校网站联盟,推动易班和中国大学生在线全国共建,创作优质网络文化作品丰富教育内容,增强师生的网络意识,积极开展大学生网络文化节等网络文化建设等。综上所述,基于易班的高校网络思想政治教育工作一直被政府所重视,无论从政策上还是在实际支持力度上。这种重视能够让全国高校都能尽快地适应易班网络平台,给易班教育平台体系的建设和完善以及提升高校网络思想政治教育质量带来巨大的正向影响,推动易班在全国高校范围内发挥其高校网络思想政治教育的载体作用。

四、基于易班的高校网络思想政治教育的必要性

(一)主导因素:满足网络时代下高校开展思想政治教育的需求

2004年10月14日,中共中央、国务院正式下发的《关于进一步加强和改进大学生思想政治教育的意见》中明确提出,要"主动占领网络思想政治教育新阵地"。这说明利用网络进行高校思想政治教育的发展趋势已经势不可当。网络海量化、高速度的信息交换特性为高校思想政治教育工作的开展带来了新的发展机遇。同时,网络信息的开放性、多元化等特性使得网络环境变得纷乱复杂,大学生还处在价值观念和社会认知形成与确立的时期,是非判断力弱,没有丰富的社会阅历与经验,所以面对数

以亿计、良莠不齐的网络信息缺乏一定的辨别能力,极易受到负面信息的影响,而负面消息则会影响大学生正确政治思想观念的形成,这给高校思想政治教育工作的开展带来了风险与挑战。因此,高校为牢牢把握网络思想政治教育的主动权,打造全方位的网络育人新格局。在具体开展工作的过程中,高校应该主动思考如何在规避网络带来的风险的同时,充分利用网络的优势抢占网络思想阵地,搭建网络思想政治教育平台,创新网络思想政治教育方式,从而提升网络育人的针对性与实效性。

易班正是基于这样的时代背景应运而生的,它的出现紧扣时代发展的脉络,紧跟国家教育文件精神,在整体设计上以网络时代高校开展思想政治教育的实际发展需求出发,是网络时代背景下加强和改进高校思想政治教育工作的创新实践。作为高校网络思想政治教育的新平台新载体,易班在功能服务及网站性质等方面的独特优势,满足高校对网络育人平台的需要,一定程度上能够规避网络所带来的风险,也为高校思想政治教育在网络环境下积极创新教育的方式方法做出突出贡献。因此,网络时代背景下高校思想政治教育工作面临的机遇与挑战,要求我们深入开展基于易班的高校网络思想政治教育这一实践活动。

(二)客观现实:网络时代高校思想政治教育者开展工作的使然

2016年,习近平总书记在全国高校思想政治工作会议上强调:"做好高校思想政治工作要因事而化、因时而进、因势而新,要遵循思想政治工作规律,遵循教书育人规律,遵循学生成长规律,不断提高工作能力和水平。"高校思想政治教育工作者作为学生成长成才的引路人,对学生的思想价值观培养起着关键性的作用,应当保持思想上的与时俱进,在网络时代背景下抓住机遇,面对挑战,及时转变教育理念,摒弃落后传统的教育方式方法,积极努力适应新时代新技术,提升自身教育教学水平,跟上时代的步伐,积极探索利用网络开展思想政治教育工作,完成自己肩负的重任。

网络思想政治教育与传统的思想政治教育存在着许多不同,在传统的思想政治教育情境中,教育方式还是以现实的课堂教育为主,在课堂教育的过程中,教师占据着主导地位,是教育的主体,把握着思想政治教育的话语权,主要采取单方面的内容输出模式,学生一直被主观地认作教育的对象与客体,处于被动地位。

然而,在网络时代背景下,丰富的教育信息触手可及,让学生能够更为便捷有效地获取掌握基础的知识信息,使得教师的知识权威开始被弱化,教育的主体地位也逐渐发生转变。教育关系和形式向双向互动、民主平等的方向发展,而不再是教师单方面的灌输。高校思想政治教育工作者在网络时代开展教育工作就应该积极适应这种变革,把握学生的主体性,与学生进行平等的互动交流。可以说,易班的出现是高校思想政治教育工作者开拓育人新方式的一个良好契机,易班是为高校师生专门定制提供各类服务的网络平台,提供了师生即时互动交流、资源共享、在线学习的广阔平台,让师生之间的沟通变得更加顺畅,拉近了师生之间的心理距离,这种平等互动的方式切实满足了高校思想政治教育者的网络育人需求,也增强了高校网络思想政治教育的引导力、吸引力和亲和力。

(三)内在需求:大学生实现自我管理自我教育的驱动应然

当前,"00后"大学生作为崭新血液注入了高校的大学生群体。他们成长在经济全球化、科技信息化的时代背景下,具有独一无二的代际特点,与"80后""90后"相比,"00后"大学生的出生环境决定了他们具备更强的独立意识与主见,在学校与社会中学习及活动参与的方方面面中,他们更乐于依靠自己开展自主的学习,更渴求独立自主的生活方式以实现自我发展。同时,青年大学生还处在世界观、人生观、价值观形成的关键时期,在以"自我接受、自我管理、自我发展"的方式接收处理网络信息内容的过程中,由于缺乏过多的经验和手段,极易受到错误信息的误导,也需要借助一些官方正能量引导的网站平台来进行网络信息的过滤筛选。

易班作为专门的大学生社交互动平台,在帮助大学生实现自我管理自我教育方面拥有着独特优势:一是用户性质纯粹,易班上的用户多为高等院校的在校师生。二是信息性质纯粹,在易班互动平台上的信息资源以弘扬主旋律、传播正能量为导向,基本上都是积极向上且符合社会发展要求的内容。同时,易班也倡导以师生共建的模式进行运营发展,鼓励和支持学生参与到易班的建设过程中,充分激发学生的积极性,让学生自愿主动地参与其中,改变他们在高校网络思想政治教育中所处的被动地位,使大学生从"旁观者"变为"参与者",激活和放大网络"去中心化""去权威化"的特性,有利于将网络思想政治教育作品开发过程和传播过程打造成一个完整的教育过程,让学生在参与的过程中实现自我教育。因此,可以看出,利用易班开展高校网络思想政治教育顺应了当代大学生渴求实现"自我管理、自我教育、自我发展"的发展特点。

第二节　基于易班的高校网络思想政治教育平台构建路径

一、明确易班建设思路,把握易班网络育人方向

(一)确立指导思想,搭建易班网络育人工作体系

基于易班的高校网络思想政治教育是高校思想政治教育工作体系中的一环,因此,易班建设发展要始终坚持以习近平新时代中国特色社会主义思想为指导,全面贯彻党的教育方针,坚持和加强党的全面领导。高校是中国共产党领导下的社会主义高校,其人才培育和社会服务必须要为中国共产党领导的社会主义现代化建设服务,为实现中华民族伟大复兴中国梦服务。高等学校开展基于易班的网络思想政治教育,必须要有政治敏感度和历史使命感,必须把握好教育导向,切实办好"人民满意的高等教育"。以立德树人为根本目标,以理想信念教育为核心,以培育和践行社会主义核心价值观为主线,落实全员、全方位、全过程的"三全育人"理念。

易班的育人工作要充分融入高校思想政治教育工作体系中,在理论武装体系中,易班要充分发挥思想引领作用,加强对大学生的价值引领。在学科教学体系中,利用易班开展高校网络思想政治教育要坚守思想政治理论课主渠道,以自身优势来提高课堂教学实效;在日常教育体系中,以易班文化丰富繁荣校园文化,联通网上网下,深化实践教育;在管理服务体系中,易班要以学生需求为导向,打造一站式服务中心,提高服务水

平,构建服务育人体系;在队伍建设体系中,要建立一支素质高、能力强的易班网络思想政治教育工作队伍;在评估督导体系中,要完善易班的网络育人工作机制,健全规章制度、反馈机制以及激励机制,为易班开展网络思想政治教育工作提供坚实后盾。在具体开展工作的过程中,要注意以上各个子系统之间的整体性与协同性,形成一体化的基于易班的高校网络思想政治教育体系,以期全面提升高校网络思想政治教育的质量。

(二)把握工作思路,遵循易班网络育人的有效原则

易班网络育人工作思路对基于易班的高校网络思想政治教育实效性来说有着重要的影响。易班网络育人进程中要始终以推进网络思想政治教育为落脚点,坚持以生活服务为前提、文化娱乐为基础、教育教学为关键、思想引领为目标的工作思路。不断创新网络思想政治教育的途径方法,将思想政治教育的目标、元素融入易班提供的教育教学、校园生活和文化娱乐全方位校园服务中,利用生活服务、文化娱乐、教育教学功能吸引学生留在易班、学在易班,进而实现思想引领。有了思路,在具体利用易班开展网络思想政治教育实践的过程中,也应按照一定标准、遵循基本要求来确保育人目标的实现。本文总结的易班网络育人的有效原则有以下几点。

一是坚持需求导向,内容为王。未来网络思想政治教育在发展中必然会更加注重内容建设。基于易班的高校网络思想政治教育要始终围绕思想政治教育的主旋律,将学生的思想动态和成长需求相结合,借助新兴网络信息技术精准捕捉教育对象的个性化需求,实现以受教育者的需求为指向来实现教育内容的精准供给。不断追求易班思想政治教育产品的精品化生产,注重产品的创作力度、更新速度以及呈现方式,促进产品创作供给侧与需求侧的融合互补,有效解决网络思想政治教育吸引力不足、针对性不强的现实问题。

二是力争虚实结合,贴近生活。网络思想政治教育可以打破时间与空间的局限,持续满足教育对象在不同生活场景中对思想政治教育内容的需求,实现教育对象日常生活的全覆盖。因此,在利用易班开展网络思想政治教育的过程中需更新传统思想政治教育方式和理念,积极寻找思

想政治教育与大学生日常生活的更多结合点,充分发挥易班隐性教育的优势,实现线上与线下同频共振、寓教其中,力求把网络做真,贴近学生的生活,以润物细无声的方式实现育人目标。

三是强化教师引导,学生主体。"去中心化""去权威化"是网络思想政治教育主客体关系的一种发展趋势,在此过程中教师与学生逐渐转变为教育过程的共同构建者和平等参与者。因此,基于易班的高校网络思想政治教育中需要教育者在信息选取推送、内容编辑创作、活动组织安排、网络平台建设等方面发挥主导作用,"自上而下"引领青年思想、传递主流价值,保障网络思想政治教育的导向性与引领性。与此同时,也要重视学生主体作用的有效发挥,"自下而上"让学生主动参与到教育资源开发、教育模式创新、教育互动讨论等多个环节,在利用易班开展网络思想政治教育的过程中提升学生的参与感、存在感与满足感,有效解决学生在思想政治教育中主观能动性发挥不足的突出问题,不断提高高校网络思想政治教育的亲和力和实效性[1]。

四是讲求共建共享,同心同行。网络思想政治教育在未来的发展中需构建全员全方位全过程的"大思想政治"育人格局,基于易班的高校网络思想政治教育要形成课上课下、网上网下、校内校外的联动发展,实现教育资源的共建共享、工作队伍的协同合作,不断提高易班网络育人实效。

二、强化易班队伍建设,提高易班网络育人实效

(一)重视队伍建设,优化易班育人队伍组织结构

思想政治教育是做"人"的工作,对育人主体的素质要求相对较高,只有高素质专业化的思想政治工作队伍才能确保易班网络育人的目的落实。高校应重视易班网络思想政治教育队伍建设,严把"入口关",严格选人用人标准,选拔优秀人员来建设易班网络思想政治教育的主体队伍,不断优化队伍组织结构,打造易班队伍,发挥其关键育人作用。

---

①张金秋.当代大学生思想政治教育模式构建与实践探索[M].北京:新华出版社,2017:36-40.

第一，要提升高校各层级易班工作人员的配置。据调查了解，目前部分高校易班工作站大多都只是配了一名专职教师工作人员，一名教师需要对学校整个易班的工作进行负责与管理，显然一个人的力量远远不够，应该多配置一些专职指导教师对学生与老师的相关要求进行满足与服务。此外，还需要加大力度建立易班学院二级分站以及学生工作站配备相应的人力，主要负责各学院、各班级易班的建设，合理安排人员，确保易班工作的合理性和完整性。积极建立起高校易班工作团队上下协作体系，提高工作效率，以期能最大程度地满足教师与学生群体需求，为师生提供更为优质的服务。

第二，要强化易班辅导员团队的建设水平。易班所开设的网络班级，为辅导员提供了便于班级管理的新天地，属于实施开展线上思想政治教育的重要场地，它也是作为易班发展建设的"初心"。因此，需要注重易班辅导员队伍的建设，将其发展为易班网络思想政治工作队伍的主力军，要鼓励辅导员及时参与相关培训活动，积极提升网络素养与实践操作水平，同时也应该要求辅导员队伍与思想政治教育课教师加强联系与沟通，帮助思想政治专业课教师把传统思想政治教育活动逐渐向线上教育模式转变，将线上线下二者进行充分融合，以此使线上思想政治教育活动所具备的实效性得以增强，通过易班网络班级在大学生群体中实施有效的思想政治教育，并能够掌控高校网络思想政治教育的话语权。

第三，要培育并健全易班学生工作队伍。可以由易班工作站负责人或辅导员选拔人员，这些学生需要具备较高的创新水平、较强的策划能力、技术研发能力等实力，在正式开展工作前，负责指导的教师应对他们进行各类易班管理和服务技能的培训，在开展工作中，让其能够与教师共同合力完成撰文发帖、线上线下相关活动筹办等各项工作，同时也可以让他们在易班平台上充当学生群体中意见领袖，在学生中发挥示范引领的作用，引导校园网络舆论。

（二）明确工作任务，加强易班育人队伍责任意识

为了打造高素质、能力强的专业性易班网络优秀团队，应对易班网络育人队伍中各工作岗位与职责进行确定，不断加强易班育人队伍责任意

识。一方面,要加强易班网络思想政治教育队伍的考评管理力度,在制度机制方面对其工作重点与发展目标进行指导,比如,在辅导员与教师工作的年底考核内容中增加易班工作这部分内容,明确合理的考评比例,建立考评计划与具体内容,可以令队伍人员能够对其工作职责有更深刻的了解与把握,以便其确定奋斗目标。另一方面,在实际利用易班开展网络思想政治教育时应当对过程管理加以关注,注重进行周期性的考察。可以让队伍人员根据每一学年或每个月的工作成果与目标进行梳理总结,之后呈报给上一级部门,在此过程中找出其中存在的问题,并及时进行改进与完善,始终保持工作的高效率与主动性。同时高校可以通过政策引领、职业归属感培育、先进典型选树等方式不断加深易班网络思想政治工作队伍对自我身份与育人职责的深度认同,使每一名易班网络思想政治工作人员都能"守好一段渠、种好责任田",并进而形成具有较高凝聚力和向心力的思想政治工作队伍,以此来推动易班网络思想政治工作队伍的职责一体化,实现同心同向协同育人,进而构建"大思想政治"育人格局。

(三)注重能力培养,提高易班育人队伍整体素质

易班高校网络思想政治教育工作者必须具备以下这几种素质:第一是政治素质,主要是指从事思想政治教育工作的人员应该存在较高的政治素质,主要有政治态度、立场、信念以及能力等。第二是道德素质,具有良好的道德素养是每一名教育工作者应该具备的基本品质和基础条件。思想政治教育工作能否取得良好的成效,最重要的影响因素就是教育工作者,他们具备较高的道德素质是对教育对象素质进行培育的重要保障。第三是媒介素养,媒介素养是指在人们面对不同媒体中的各种信息时所表现出的对信息的选择能力、质疑能力、理解能力、评估能力、创造和生产能力以及思辨的反应能力。

媒介环境影响力的增强为思想政治教育提供了新的发展机遇,教育者需要有驾驭网络的能力。高校要加大对易班思想政治教育队伍这几种能力的培养力度,对易班思想政治教育队伍进行专业化教育,通过开展定期培训活动、经验交流、深造学习等形式,针对思想政治理论知识、法律规范、网络舆情、易班管理和使用等各个层面实施多层次全面的培训。根据

团队成员具备的各种特征,制订有针对性的培养与建设方案,特别关注队伍成员在开展工作中理论与实践相结合的能力,使易班思想政治教育队伍的总体专业能力增强,从而形成一支既掌握网络思想政治教育相关专业知识和理论,又熟悉易班网络思想政治教育实践工作过程的专业化易班工作队伍。

三、加强易班内容建设,构筑易班网络育人阵地

(一)依托优课平台,形成易班网络思想政治专题教学

易班优课平台设置有不同的功能板块,集中整合了大量的优质资源,在优化调整课程考核模式、提高自主学习水平、开展灵活多变的课堂教学活动和补充完善第一课堂教学资源中起到重要作用。因此,要充分利用好易班优课平台开展思想政治专题教学活动,助力高校思想政治教育理论课课堂教学,提升网络思想政治教育效果,发挥易班的育人功能。

利用易班优课平台,实现教育资源的集中整合和优化配置。思想政治课教学并不是单纯地传授讲解知识,而是通过思想政治教育工作引导学生培养正确的价值观念。通过易班优课平台实现思想政治教学资源的合理配置和高效利用,根据系统内部要素重新整合和排列分散的教学资源,在全国范围内搜集整理、发掘整合优质教育资源,挖掘和利用易班优课平台上其余高校的优质思想政治精品课程,同时也要积极开创本校的易班思想政治精品课程,引导优秀辅导员和思想政治教师利用易班优课平台进行课程录制,也可让优秀学生参与其中,录制"学霸小课堂""优课学霸攻略"等微课视频。抓住重要时间、事件节点设置思想政治教学课程,像党的十九大精神宣传、新生教育、安全教育、职业规划教育、党史学习教育、中国优秀传统文化教育等方面的专题教育,建立覆盖课堂内外、集中线上线下资源的工作矩阵,围绕时代主旋律,弘扬社会正能量,传播先进思想,提升思想政治课程的教学效果。

在此过程中,要调动起思想政治理论课教师使用易班优课的积极性,在线下思想政治理论教育课程中,有效运用易班线上课程,将二者相融合,深入挖掘、合理开发和高度整合思想政治教学资源,根据学生的思想

状况以及学习的兴趣点,选取有效的教育内容和教学方法,增加传统思想政治教学内容和易班优课课程的匹配度,合理搭配和设置思想政治课程体系,利用好易班优课平台提供的在线教学管理系统,在课程教学的预习、复习、考核等环节为学生提供更为便捷有效的工具。充分利用易班优课平台解决学生的学习难题,帮助思想理论课教师建立起具有完整的教学体系,营造良好师生互动的学习氛围,并将思想政治价值观教育贯穿学习全过程,充分发挥易班线上教育优势。

(二)创新教育形式,开展线上线下联动主题活动

现代青年学生具有较强的求知欲,勇于创造,具有较强的创新精神,对新生事物保持浓厚的兴趣,乐于学习和接受新兴技术。利用易班开展思想政治教育的过程中不光要重视优质内容的选取与创作,也要注重教育内容的传播形式,要明确学生群体的真实需求和关注重点,运用生动有趣的语言,采用学生可接受的教育形式。因此,以活动为载体,利用易班积极开展主题明确、双向互动、线上线下齐发力的教育活动,扩大活动的覆盖范围和影响力,是提升高校网络育人质量的有效途径。

思想政治教育的最终目标也是要立足于实践,因此,开展易班网络思想政治教育活动不是单纯在线上开展活动,而是要将线上线下联通,虚拟与实践相结合,利用易班开展主题活动。在活动开展前,要做好活动主题的选取以及活动宣传推广工作,主题选取主要由校级易班发展中心负责,根据国家最新教育方针和政策的任务要求,选取紧跟时代潮流、富含教育意义的主题,如开展结合两会时期的"两会进行时"活动、结合建党100周年开展"学党史,守初心"活动、在清明时节举办"知清明,怀先烈"活动,等等。用学生喜闻乐见的形式开展主题实践活动,不断弘扬社会正能量、宣传爱国精神、传播优秀文化,实现易班思想引领的功能。在活动开展的过程中,要注重活动的质量,深入挖掘活动的内涵,对大学生进行思想引领。在活动结束的时候也要做好总结工作,主动将形成的新闻、报告、宣传材料上传至易班平台进行展示,深化活动主题。高校利用易班开展形式多样、内涵丰富的主题活动,将时代特征和思想政治内容相结合,有利于促进具有时代意义、内涵丰富的思想信息内容在线上线下快速流动与转换,

扩大教育内容的传播范围以及影响力,让大学生在参与活动的过程中塑造健全的人格和树立正确的价值观,进一步实现易班的思想政治教育功能。

(三)打造文化品牌,营造良好校园文化育人氛围

校园文化能潜移默化地影响学生的行为习惯和思维模式,帮助引导学生树立正确的价值观。因此,易班在内容建设过程中,要不断践行文化育人理念,构建打造易班品牌文化,实现对大学生价值观塑造和引领。

第一,生产优质的易班文化产品。质量较高、导向正确且能出现链式反应的内容,是易班独有的竞争优势。首先,易班未来要坚持思想引领内容的专业化生产理念,学校建立专业的网络文化媒体团队,由马克思主义学院和思政课教学人员担任团队成员,发布重大公共事件,认真报道、正确解读和邀请专家评判校园话题和国家大事,打造类似"聚焦两会,对话青年""解读时政""红色专栏" 等品牌文化项目。其次,组织优秀知名教师开设易班"名师工作坊",由优秀导师和知名教师讲解学术知识和展示个人魅力,引导大学生树立正确的价值观念、塑造健全的人格和掌握学习方法,或是开设"名师精品课",通过在线直播或音频视频录制等方式,在线讲解教学经验和教育理念,将优秀的题库、教案、教学材料和辅助工具等集中起来,打造成线上教学资源库,实现平台教育资源的合理配置和高效利用。再次,鼓励高校辅导员开设专业的易班育人栏目,如"导员杂货铺"等,与学生保持良好的对话沟通关系,把握重要时间和事件节点,贴近学生,倾听学生的心声。定期撰写思想政治教育的原创网文,将易班的各项功能与班级管理、心理咨询、党团建设、就业、资助等工作紧密结合,以此来充实易班网络思想政治教育的内容,切实增强易班网络思想政治教育的实效性和吸引力。

第二,将易班品牌文化和特色校园文化相结合。易班文化是网络时代高校文化建设工作的延伸部分,打造易班文化品牌能够为高校提供一个提高知名度、营造良好对外形象的新窗口。将易班文化和学校文化精神相结合,在此基础上创造和研发展示校园独有的精神风貌和文化特色的易班文化产品,形成"一校一品牌,一院一主题 "的品牌教育。具体可

以校史校训为切入点,根据学校的发展历史以及所凝练的校园文化精神来丰富易班文化品牌的内涵。高校不同发展阶段的总结就是校史,它能展示学校的文化风貌和精神内涵,在建设校园文化中起到重要的作用。易班可与高校校史馆建立战略合作关系,在易班上开设线上3D校史展览馆,将体现学校发展历程的各类资料上传到网络上并进行公开展示,如校园档案和珍贵照片等,利用虚拟现实技术让学生了解学校的发展历史和文化内涵。校园建设发展过程中总结出的文化精神的精髓就是校训,通过校训可以了解高校的教育观念。易班创新线下文化产品和开展线上活动时都可以融入校训的内容,以期在潜移默化中通过校训影响学生的价值观念和行为模式,引导学生树立正确的价值观念,形成浓郁的文化育人氛围。

四、提高易班用户黏性,增强学生主动参与意识

(一)坚持需求导向,构建易班服务育人体系

"用户思维"是互联网思维的重点。易班作为网络平台也需要遵循互联网思维,因此,在利用易班开展高校网络思想政治教育的过程中,需要根据学生需求确定具体工作的内容、要求和延伸范围。建设推广易班时,要遵循大学生发展特点,深入调查和准确了解他们的需求,将建设信息化校园和易班相结合,围绕大学生的学习生活需求提供全方位、立体化、一站式的服务体系,满足他们的刚性需求,把他们引进易班、留在易班,在为大学生提供日常生活服务的过程中以潜移默化的方式达到育人的效果。

第一,完善易班在线服务系统。提供品质较高、种类齐全、质量较好的易班服务,能够吸引更多的学生入驻易班。因此,需要在易班平台增加不同种类的服务内容和开设不同的功能板块,包括常规学习资料下载、教室查询、助学金评定标准、各类手续办理流程、课程查询和完善个人信息等,根据学生的日常生活需求和个人事务管理需求,建设易班平台和丰富平台服务功能,提高学生的满意度和忠诚度,增强学生易班使用时长和频率,培养学生易班的使用习惯。同时,高校也可以通过立项的方式,让教师和学生组建团队,围绕热点需求功能开发研究项目,将科研成果转化利

用,这不仅能够提高易班的服务水平,同时也能激起师生的参与热情,有利于营造良好的师生互动沟通氛围,提升高校网络思想政治教育的实效性。

第二,加强易班的资源整合功效。一是可以将易班与校内各职能单位的业务系统相连接,如教务系统、学生系统、就业系统、后勤保障系统等等,使各职能部门的资源融合到易班平台之中,达到拥有一个易班平台就可以在学校多个系统中操作的效果。二是不断建立高校"易班联盟",实现高校与教育部门、高校与高校之间的资源共享,让优质教育资源在整合与传播的过程中发挥其更大的育人功效。三是增强易班与其他主题教育网络平台以及社会各类网络平台的联系,如学习强国、大学生在线、微博等平台,共享网络资源,获得更多的信息内容资源,突出网络平台开放性的特点,为易班用户带来良好的服务体验。通过这三个层面的联合真正把易班打造成一个承载立德树人使命的"航空母舰",不断整合教育资源,以满足学生的各类需求,提高大学生用户的使用积极性。

(二)加快技术升级,提升学生用户使用体验

易班利用网络技术开设在线教育平台并提供教育服务,要重视技术升级与创新,以此来让易班掌握更多的核心竞争优势,增强易班的吸引力和竞争力,以便提升易班学生用户黏性,发挥更好的育人效果。

第一,要注重易班的日常维护。操作界面复杂、社交模块烦琐、人机交互感不好等问题,会影响学生用户的使用体验,从而使易班网络育人的效果大打折扣。易班运营团队需要定期检查监控易班硬件设备情况,及时修补漏洞,利用先进的网络安全技术筛选和过滤各类垃圾信息,有效防范各类不法分子的恶意攻击行为,营造健康绿色、高效流畅的易班网络育人环境。同时确保易班后台平稳运行,让易班的功能模块和服务功能正常发挥,不断提升易班后台承载能力。如让易班能够流畅清晰地播放课程内容,或是提高易班页面切换的速度,等等,提升用户的使用体验。增强用户对易班的认可度和忠诚度,才能实现易班网络育人工作的可持续发展。

第二,要加大易班的研发力度。学校要重视对易班研发的经费投入,

利用人工智能、虚拟现实(VR)等先进的技术丰富和补充易班功能。增强易班对学生的吸引力,让更多的学生成为易班的忠诚用户。比如,研发出带有人工智能特色的"易班熊",通过智能语音搜索、行为习惯识别和大数据搜索等实际应用技术,让易班实现如人机互动沟通聊天,语音检索知识点及筛选课程,或是保存用户使用习惯等功能,使学生用户获得良好的使用体验。同时也可以开发设计有较强的科技感和思想引导性的易班线上立体博物馆,打造沉浸式体验教育模式,把教育内容以情境化的方式呈现,让受教育者的视觉、听觉、触觉等一切感知沉浸于教育者预设的"场景"中,让教育对象身临其境,产生情感共鸣和认知认同。易班与互联网新技术不断融合发展将成为网络思想政治教育的未来发展趋势,让易班用户能够在日常操作和使用易班平台时收获完全不同的体验,实现易班平台的智能化、科技化、现代化发展,以此来不断提高平台传播力和竞争力。同时设计具体功能前可以对学生进行充分调研,了解学生的需求,提高学生的参与度,激起学生的参与热情,让学生深度使用和愈发依赖易班平台,增强易班中学生的用户黏性。

五、健全易班工作机制,提供易班长效运营保障

(一)完善保障机制,制定易班规章制度和管理条例

基于易班的高校网络思想政治教育是一项系统性的育人工程,持续推进一项大工程的实施,必然需要有相应的规章制度予以保障。因此,想要提升易班开展高校网络思想政治教育的实效就要进一步完善制度保障机制。首先,高校可以根据当前的教育目标与理念、国家教育政策和教育部门的指导方针,以提高易班网络思想政治教育实效为目标,根据学校的实际教育工作情况以及易班建设情况,围绕易班管理建立健全相关的细则规定,如制定易班工作站章程,其中可以包括工作站结构设置和管理、工作站职责划分、具体工作管理、人事聘用制度、工作站经费使用等内容,这些规章制度需要有明确的导向性且可操作性较强,能够指导校易班发展中心认真开展易班建设工作,为其提供建设发展方向;其次,校易班发展中心以及易班学生工作处也需根据现行的规章制度制定内部工作细则

和管理要求,如会议制度、值班制度、活动策划制度、技术研发制度、宣传运营制度、后台维护制度等。同时二级学院以及班级也应根据学院及班级实际发展情况以及需要制定相关易班发展制度,以便于集中管理师生使用易班的行为。通过内部合作互助和上下联动,建立健全相关的制度和细则规定,有效地建设和管理高校易班,从而真正提高易班的教育教学、生活服务水平,促进易班网络育人的功能发挥,完善和落实相关的规章制度和管理条例,是现阶段高校利用易班开展高校网络思想政治教育的重要保障。

(二)建立反馈机制,推动易班网络育人的质量提升

利用易班开展网络思想政治教育的效果如何,以及思考如何更好地发挥易班的网络育人效用,离不开反馈制度。首先,需要学生对易班开展网络思想政治教育的实践情况给予直接的反馈,具体可以通过问卷调查、实地调研、集中或个别访谈等方法,将利用易班开展高校网络思想政治教育工作深入到学生群体当中,倾听学生的心声,了解学生群体的反馈意见和真诚建议,不断发现易班的不足之处并采取有效的解决措施,解决问题之后进行经验总结。其次,高校在利用易班开展高校网络思想政治教育的过程中也需要定期对教育工作者开展工作的实际情况进行评价反馈,评价具有明确的目的和强烈的主观意识。通过评价搜集信息并改善服务,要重视听取不同主体的意见,才能真实了解情况和制定正确的决策,通过反馈确定改进方向,以便于保证思想政治教育方法的正确性。最后,要建立考核制度,把易班网络思想政治教育内容纳入学生工作考核标准中,对获得优秀考核结果的个人或团队进行奖励,发挥先进典型的榜样示范作用,对考核结果较差的个人或团队,要深入分析考核内容反馈出的问题成因并提供指导帮助,实现易班的稳步建设。建立健全基于易班的高校网络思想政治教育的反馈机制,能够有效地推动易班网络育人的质量提升。

(三)加强激励机制,确保易班网络育人的有效推进

采用合理的激励手段,才能激起工作热情和保证工作的顺利进行,因

此,在推进易班开展高校网络思想政治教育的过程中,高校要不断优化创新激励措施,鼓励引导更多的教师和学生参加易班建设工作,提高学生用户的参与度与教师工作的积极性,以确保易班网络育人的有效推进。激励的方式有很多,其中奖励激励能够起到良好的激励效果,也是运用最广泛的一种激励方式,搭配使用不同的奖励方法,才能激起师生的参与热情,具体的奖励实现形式可以有精神奖励和物质奖励,物质奖励包括发放奖品和奖金或是增加工作绩效以及提供易班"网薪"等方式。精神奖励包括表彰、认可、授予头衔等方面。比如,对易班活跃学生用户、易班优质内容供给的师生队伍授予"最佳人气奖""优秀集体奖",或是将易班纳入评奖评优流程中,在现有的考察体系中增加易班建设管理内容,如易班团体或个人存在突出贡献,在评奖评优活动中可以获得额外加分或政策倾斜;学生积极参与易班,综合测评和评定个人荣誉时可以适当加分;教师的易班教育管理成绩优秀,可以增加个人评优晋升的优势,给予教师和学生肯定与鼓励,不断提高学生用户的参与度与教师工作的积极性,提高易班网络育人实效。

参考文献

一、专著

[1]何哲.网络社会时代的挑战、适应、与治理转型[M].北京:国家行政学院出版社,2016:20-22.

[2]李才俊,唐文武,陈盛兴,等.网络视角下的思想政治教育方法新探[M].成都:西南交通大学出版社,2014:57-60.

[3]罗莉,周婷,李文晋.高校网络思想政治教育教学模式的构建研究[M].成都:电子科技大学出版社,2015:67-71.

[4]潘强,许钟元,刘旭.高校网络思想政治教育生态系统构建研究[M].北京:中央编译出版社,2019:61-68.

[5]谭仁杰.网络时代的高校思想政治教育[M].武汉:武汉大学出版社,2014:31-37.

[6]许建宝.微时代背景下的高校思想政治教育[M].长春:东北师范大学出版社,2017:75-79.

[7]杨伯成.高校网络思政教育平台的构建及其应用研究[M].北京:中国纺织出版社,2019:36-42.

[8]杨娉.新媒体视角下大学生思政教育创新探索[M].北京:中国纺织出版社,2018:51-57.

[9]叶坤燚.高校网络思政教育发展研究[M].天津:天津人民出版社,2019:26-40.

[10]张金秋.当代大学生思想政治教育模式构建与实践探索[M].北京:新华出版社,2017:36-40.

[11]朱琳.新时代高校思想政治教育网络平台建设的理论与实践[M].北京:知识产权出版社,2020:51-55.

[12]朱耀华,郝小芳.高校网络思想政治教育理论与实践[M].武汉:湖北科学技术出版社,2013:43-48.

二、期刊

[1]龚亮.高校思想政治教育主题网站建设探索[J].现代经济信息,2017(7):407.

[2]胡笑非.以微信为平台构建高校思想政治教育管理新模式[J].记者观察,2019（24）:100.

[3]吉慧.论信息网络化时代的高校思想政治教育[J].三明学院学报,2012,29(5):92-95.

[4]刘小雪.高校思想政治理论课教学模式创新与实践——以兰州理工大学为例[J].大学教育,2020(3):118-120.

[5]吕春燕.高校网络思想政治教育平台的现状调查与分析[J].现代商贸工业,2020,41(35):14-15.

[6]宋效峰.网络社会条件下的价值观整合——兼论对高校思想政治教育的影响[J].凯里学院学报,2011,29(1):22-24.

[7]王丽."互联网+"背景下高校网络思想政治教育研究[J].法制博览,2020(15):243-244.

[8]王倩.主体性教学模式下高校思政课网络教学平台的构建[J].科技资讯,2018(15):234-235.

[9]王志清.新时代高校网络思想政治育人模式的探索与实践[J].科教文汇,2020(18):33-34.

[10]魏婕.新媒体时代高校网络思政教育的内涵、价值及实施路径[J].传媒论坛,2018(11):165-166.

[11]邢华超.高校思想政治教育主题网站建设研究[J].文渊（高中版）,2019(9):264.

[12]徐趁丽.高校大学生思想政治教育主题网站建设问题探析[J].科技资讯,2019(29):207-208,211.

三、学位论文

[1]刘强.网络视听文化对大学生思想政治教育的影响及对策探究[D].哈尔滨:哈尔滨师范大学,2017:21-27.

[2]任者春.基于Android的高校思想政治课移动教辅系统设计与实现[D].哈尔滨:哈尔滨工业大学,2017:19-23.